La douche écossaise

Dan Blantyre

La douche écossaise

© 2017, Dan Blantyre
Éditeur : BoD -Books on Demand
12/14 rond-point des Champs Élysés, 75008 Paris
Impression : BoD - Books on Demand, Allemagne

ISBN : 978-2-8106-1543-8

Dépot légal : juillet 2017

Table des matières

Préface 9

Avant 15
Le coup de foudre 17
Le désir d'enfant 21
Alex & Jade 33
Le déménagement 41
La naissance imprévue 45

Les premières violences 47
Le début des insultes 49
Ça se dégrade 57
La violence devient systématique 63

Avocats, experts, juges, gendarmes 75
L'ultimatum 77
La procédure d'urgence 83
L'expertise insoutenable 89
Les gendarmes 97
Je craque 103
La course aux témoignages 105
Amertume, tristesse et inquiétude 109
L'accord de dernière minute 113

La vie sans eux **117**
   Le départ des enfants 119
   Ils trinquent… 125

Stabiliser les enfants à tout prix **131**
   Mon retour auprès d'eux 133
   La phobie du téléphone 137
   Le bras de fer avec les enfants 141
   Le vent tourne 147

Épilogue **157**
Entretien **159**
Postface **177**
Remerciements **181**

Préface

Ce livre s'adresse principalement à tous les témoins silencieux de la violence "banale", ceux qui ne savent que penser, que faire, lorsqu'ils apprennent qu'une personne proche – enfant, femme ou homme, ami(e), collègue ou voisin – est victime d'abus graves, verbaux ou physiques. Et, plus précisément, aux témoins de mon histoire, qu'ils l'aient été de façon involontaire ou en tant que professionnel (médiateur, avocat, gendarme, psychiatre, juge...), et qui n'ont pas su intervenir efficacement auprès de ma famille.

Chacun peut se retrouver dans un tel état de détresse qu'il n'est plus maître de ses pensées ou de ses actes. Il y aura toujours des personnes abusives et des personnes abusées. Mais, si on met de côté la minorité de ceux qui jouissent de façon vicieuse de la souffrance qu'ils infligent aux autres, les personnes violentes peuvent et doivent être ramenées à la raison, ne serait-ce que dans leur propre intérêt.

Je voudrais aussi apporter un soutien à tous les

hommes qui souffrent en silence, car l'amour de leur partenaire s'est transformé en haine, en volonté de les détruire à tout prix. Sans oublier, bien sûr, les femmes victimes de la violence d'hommes. Cette violence-là est de même nature, mais peut avoir des conséquences physiques bien plus graves.

Une attitude que j'ai souvent constatée ou ressentie de la part de ceux qui assistaient à la désintégration de ma famille était la suivante : "*Il doit être bizarre pour que sa femme lui tape dessus*" ou "*Il doit être faible pour laisser sa femme le taper comme ça.*" Autrement dit : "*quelque part, il doit le mériter.*" Certains hommes me disaient : "*À ta place, je lui mettrais une bonne branlée.*"

Je crois que cette réaction viscérale que nous avons tous eue devant une personne affligée d'une maladie, d'un handicap ou d'un malheur revient à dire : "*Il doit être différent, car ça ne m'est jamais arrivé à moi.*" Que l'on se rassure, "*ça*" peut arriver à n'importe qui, à n'importe quel moment... Et, dans ces moments-là, mieux vaut être entouré de personnes solides et averties.

Vous allez découvrir au fil de ces pages une femme "diabolique" et un homme "parfait". Il y a deux raisons à cette dichotomie. D'une part, lorsque l'on se trouve face à une grande violence qui met en danger sa propre vie, celle de ses enfants, voire même celle de son agresseur, on n'a pas le droit au moindre écart.

On doit rester sur le qui-vive à chaque instant, cherchant à apaiser les choses quand c'est possible, sans sombrer dans la même haine et la même violence que son agresseur. D'autre part, j'aimais ma femme et n'avais aucune raison de lui vouloir du mal. À tort ou à raison, il était inconcevable pour moi de lui porter des coups avec ces mêmes mains qui l'avaient tant caressée.

Écrit le mercredi 20 novembre 1996 à 16 h 20.

J'étais en train de mettre les chaussures de Laura et Jade, quand ma femme est entrée dans la chambre. Elle a commencé à m'insulter devant elles : "Langue de vipère, t'as une couille à la place du cerveau, pauvre minable, baisé de la tête !" Puis : "Mais, c'est un coup dans la gueule que je vais te donner !". Elle n'a pas essayé de le faire. Je suis descendu avec les filles. Jade a voulu monter sur mon dos, mais j'ai hésité parce que ma femme était en bas et parfaitement capable de m'attaquer malgré la présence de Jade qui aurait pu tomber. Je suis allé dans mon bureau, suivi d'un torrent d'insultes, devant Alex, notre fils.

J'ai commencé à écrire ce qu'il venait de se passer quand elle est arrivée et a commencé à m'insulter à nouveau. Ma secrétaire est partie du bureau parce qu'elle ne supportait pas la scène. Je n'ai quasiment pas parlé, car je voulais éviter la violence. Ma femme a balayé les papiers sur mon bureau et est partie en m'enfermant à l'intérieur.

Ma secrétaire est revenue dans le bureau, alors que ma femme continuait à crier des insultes à travers la cloison de la porte. Je l'ai entendu partir en disant "Ton père ceci, ton père cela !" aux enfants…

Je voudrais rassurer mes enfants, mais j'ai le choix entre le faire, ou leur faire subir encore une crise de la part de leur mère.

Je devais m'en occuper, ce soir mercredi, mais je ne sais pas comment je le pourrais.

Avant

1987 - 1994

Le coup de foudre

J'ai trente-trois ans et vis en roue libre. J'habite un studio en banlieue lyonnaise et gagne ma vie comme prof d'anglais et traducteur médical. Écossais, je suis arrivé en France dix ans auparavant, une licence de microbiologie en poche. Je n'ai pas d'ambition particulière. Les femmes défilent, certaines partageant mon intimité plus longtemps que d'autres, mais aucune relation suivie ne s'est installée jusque-là. Pourtant, au fond de moi, je sais ce que je cherche : la femme avec laquelle je pourrais construire ma vie.

Cette femme, je l'ai rencontrée un jour dans mon salon de coiffure habituel. Elle est délicate, voire frêle : elle ne doit pas mesurer plus d'un mètre soixante pour cinquante kilos toute mouillée. Ses longs cheveux noirs et brillants encadrent un visage aux traits fins et aux pommettes hautes ; les cils de ses yeux marron foncé sont comme surlignés de khôl et ses paupières sont naturellement irisées. Impossible de lui attribuer une origine ethnique : elle semble réunir les meilleurs attributs de toutes les races humaines. Elle m'accueille et m'invite à m'asseoir avec un gentil sourire. Entre deux coups de ciseaux, elle me parle de tout et de rien. Je sens ses doigts qui frôlent doucement mon oreille. En réglant la note à la caisse, j'aperçois la naissance de sa poitrine sous sa blouse blanche.

Les jours qui suivent, je n'arrive pas à enlever cette coiffeuse de ma tête, alors que j'ai pourtant une demi-douzaine d'autres filles "sur le feu". Je me décide alors à glisser un mot sur lequel je gribouille mes coordonnées sous la porte de son salon de coiffure. Les jours passent, mais je ne reçois aucune réponse et me résigne à retourner à ma vie de célibataire, aux aventures sans lendemain. Et puis, un mois plus tard, dans ma boîte aux lettres, une carte postale : *"Je ne cesse de penser à toi…* Yamina.*"*

Nous nous donnons rendez-vous à la terrasse d'un café, Place Bellecour. Yamina arrive en retard, le visage caché par de grosses lunettes de soleil noires. Elle semble nerveuse. Elle m'apprend qu'elle est mariée, mais que "ça ne va plus". Le rendez-vous ne dure qu'un quart d'heure.

Une semaine plus tard, nous nous retrouvons dans un restaurant. À la fin du repas, elle propose de me raccompagner chez moi en voiture. Nous montons dans mon petit studio situé au cinquième étage. Nous faisons l'amour et je suis bouleversé. Jamais je n'ai connu un tel sentiment de désir partagé, une telle sensualité, une telle sensation de plénitude.

Pendant les semaines et les mois qui suivent, Yamina se rend chez moi dès qu'elle le peut, mais ce n'est pas assez souvent à mes yeux. Je souffre terriblement de ses absences. Voyant mon état, un ami me conseille de rompre temporairement en attendant que Yamina divorce, mais c'est plus fort que moi : je suis complètement accro à elle.

Enfin, elle s'installe dans mon studio et demande le divorce. Je suis comblé, mais elle manifeste parfois des sautes d'humeur qui me déstabilisent : son comportement change subitement. Des crises éclatent pour des raisons totalement dépourvues de sens : un commerçant qui tarde trop à la servir, une passante pas assez souriante à son goût ; n'importe quelle situation peut prendre soudainement des proportions démesurées. J'essaie de ne pas y accorder trop d'attention, car je sais qu'elle est sous pression à cause de son divorce. Je suis sûr que tout s'arrangera dès qu'il sera prononcé, dès que nous serons libres de nous aimer. Mais les crises se multiplient au fil du temps et son attitude irraisonnée m'inquiète de plus en plus. Elle s'énerve pour un oui ou un non, se braque, me rejette puis s'isole. Je me sens impuissant et ne sais que faire pour la calmer dans ces moments-là. Je ne veux pas renoncer à cet amour en raison d'un comportement qui est manifestement irrationnel, mais j'en souffre de plus en plus. Au fil des mois, notre vie de couple est rythmée par ses crises de nerfs, comme si elle avait le pouvoir de décider de la pluie et du beau temps. Lorsqu'elle se trouve dans son état "normal", nous sommes en parfaite osmose, nous vivons une passion dévorante, mais lorsqu'elle est en crise elle est odieuse et ingérable et notre quotidien devient lourd et pesant. Elle en veut à la terre entière et vocifère des propos blessants à toute personne qui n'abonde pas dans son sens, moi y compris.

Je finis par me rendre compte que, quoi que je fasse, son comportement ne changera pas et je me résous à la quitter. Je lui annonce le soir même. Envahi par un sentiment mélangé de rage et de profonde tristesse, je sors de l'appartement et m'engouffre rapidement dans la rue. Mais Yamina me poursuit, s'agrippe à moi les larmes aux yeux et me supplie de ne pas partir. Elle me dit être prête à tout faire pour gérer ses crises ; elle veut changer et se fera soigner si besoin. Je ne peux que la croire. Comment pourrait-il en être autrement ? Notre amour est unique, plus fort que tout.

Le désir d'enfant

Une fois son divorce prononcé, nous achetons ensemble un petit appartement dans le centre de Lyon. Très tôt dans notre relation, nous ne prenons aucune précaution : si Yamina doit tomber enceinte, ce ne sera que le fruit naturel de notre amour. J'entends encore ces mots qu'elle chuchote à mon oreille alors que nous venons de faire l'amour : *"J'ai envie de te sentir pousser en moi."*
Mais, une année s'écoule et aucun signe de grossesse ne se manifeste. Je ne suis pas inquiet : un an ce n'est pas très long, et de toute façon je ne suis pas pressé. Nous avons la vie devant nous. Mais Yamina semble contrariée et, sur les conseils de ses clientes, veut consulter un spécialiste. Nous prenons alors un rendez-vous avec un médecin qui nous explique, après examens, que Yamina est "stérile" : ses trompes de Fallope sont bouchées et aucune fécondation naturelle n'est envisageable. Sans le savoir, nous mettons le doigt dans un système bien huilé, qui va nous

amener à subir une batterie de tests éprouvants et de lourds traitements. Malheureusement, les sautes d'humeur de Yamina reviennent de plus belle. Cette fois, je les mets sur le compte des examens et des traitements médicaux, mais aussi sur les stigmates de la stérilité. Après quelques tentatives ratées d'insémination artificielle, nous nous rendons dans une clinique spécialisée afin de rencontrer le docteur R, un médecin d'une quarantaine d'années, qui, selon les clientes de Yamina, obtient d'excellents résultats. Après une nouvelle série d'examens, nous tentons une "fertilisation in vitro" : les ovaires sont stimulés pour qu'ils produisent chacun de multiples œufs, puis on les récupère en les ponctionnant à travers le vagin pour les mettre en contact du sperme avant de remettre les embryons dans l'utérus. Yamina, qui déteste les piqûres, reçoit chaque matin pendant des semaines des injections d'hormones dans la cuisse ou les fesses. Puis, vient la récolte, qui consiste à introduire une longue aiguille à travers la paroi vaginale, sans anesthésie, afin d'aspirer une dizaine d'ovocytes parmi les plus mûrs.

Après une première tentative infructueuse, un nouveau transfert d'embryons est prévu. Nous avons rendez-vous un dimanche matin à la clinique où nous attend le docteur R., mais Yamina est très agitée et perd complètement le contrôle d'elle-même lorsque je lui rappelle qu'il est l'heure de se préparer. Je ne l'ai encore jamais vue dans un tel état. J'essaye de la calmer, de la rassurer, mais elle me lance des injures blessantes et hurle dans l'appartement. Elle veut tout abandonner. J'arrive tout de même à la convaincre que nous devons nous rendre au plus vite à notre rendez-vous, le temps presse.

Nous arrivons avec une heure de retard dans la clinique vide et silencieuse. Le Dr R. nous accueille et nous explique brièvement le déroulement de la procédure. Il nous propose de réimplanter cinq embryons, dans l'espoir qu'il y en ait au moins un qui "prenne". Yamina est d'accord, car elle veut mettre toutes les chances de notre côté, mais je sais que c'est une grave erreur. J'ai fait des recherches dans des livres médicaux et auprès de mes clients médecins, qui m'ont appris les risques associés aux grossesses multiples. Le *"Livre Blanc"* sur la procréation médicalement assistée, qui faisait autorité à l'époque, préconise de réimplanter un maximum de trois embryons. Après une brève discussion, où je ne fais pas le poids face à ce médecin expérimenté, il est décidé que quatre embryons seront implantés. Yamina se déshabille et s'allonge sur le lit, les pieds dans l'étrier. Il règne un calme troublant, une intimité malsaine partagée à trois entre ma femme, nue, les jambes écartées encadrant la tête du docteur et moi, me tenant un peu à l'écart, comme simple spectateur. Il introduit le speculum dans le vagin de Yamina, puis une très longue et fine seringue. Je regarde cet homme presser doucement sur le piston, répétant l'opération à quatre reprises, pour quatre embryons. Il demande à Yamina de rester allongée pendant un quart d'heure. Je ressens, presque physiquement, que chaque embryon est en train de coller à la paroi utérine. Yamina est calme et souriante. Sur le chemin du retour, nous observons le paysage défiler par la fenêtre du taxi, les yeux fixes, perdus dans nos pensées.

Trois jours plus tard, les tests confirment que Yamina est enceinte. Le dosage de bêta HCG montre un niveau déjà très élevé. Nous nous rendons donc à la clinique pour une échographie de contrôle. Une tache blanche sur le fond noir de l'utérus correspond à un premier petit tas de cellules embryonnaires. À côté de celui-ci, on voit une deuxième petite tache blanche. Une grossesse gémellaire ! Sommes-nous passés en quelques jours du statut de couple stérile à celui de futurs parents de jumeaux ? Mais le scanner révèle une troisième tache blanche. Il y a donc trois embryons qui poussent dans le ventre de ma femme. Mes idées sont confuses et s'embrouillent. J'imagine déjà ce qu'implique une grossesse triple. Si tout se passe bien, dans neuf mois nous serons cinq dans notre appartement lyonnais de quarante mètres carrées.

Mais je sais aussi qu'il y a de fortes chances que tout ne se passe pas comme prévu. Les grossesses multiples sont à haut risque d'accouchement prématuré, et cela peut entraîner de lourds handicaps pour ces enfants. Sans compter les risques accrus pour la mère. Yamina est déjà épuisée, et ce n'est que le début de la grossesse. Le docteur R., se montrant toujours positif et rassurant, nous explique que l'un des trois embryons pourrait se décrocher spontanément, ne laissant "plus" qu'une grossesse gémellaire.

Dix jours plus tard, c'est un tout autre problème qui se déclare : Yamina est en "hyperstimulation ovarienne" et doit être hospitalisée d'urgence. Les ovocytes non ponctionnés et les embryons qui grandissent très vite produisent toutes sortes d'hormones qui peuvent mettre sa vie en jeu. Je passe la voir tous les jours pendant les deux semaines de traitement et de repos forcé à la clinique. Elle se montre très courageuse, douce, et même optimiste. Le fait de porter ces bébés tant voulus doit l'aider à tenir le coup. Avant sa sortie, le docteur R. planifie une nouvelle échographie de contrôle : les trois embryons sont toujours là, ils s'accrochent tous. Aucun ne veut se sacrifier pour les autres ! Le toubib s'adresse à nous d'un ton grave :

- Les risques associés aux grossesses triples sont graves. Il y a de grandes chances que vous accouchiez très prématurément et que vous perdiez les trois bébés ou qu'ils soient handicapés. Il serait donc plus raisonnable de pratiquer une réduction embryonnaire afin de donner toutes leurs chances aux deux embryons restants.

Yamina est révoltée et trouve cette idée barbare. Mais cette fois, je suis d'accord avec le docteur R : il faut préserver la santé de ma femme et faire le nécessaire pour que les enfants ne naissent pas avec de graves handicaps. Mais alors, quel embryon sacrifier ? Comment peut-on faire un tel choix ? De plus, le médecin nous explique qu'il y a également un risque que les deux autres embryons tombent après la mise à mort du troisième, par solidarité en quelque sorte...

- Il se trouve que deux des embryons sont regroupés, alors que le troisième est un peu à l'écart. C'est celui-ci qu'il faut enlever, conclut calmement le docteur R.

L'intervention a lieu dès le lendemain. Sous guidage ultrason, le médecin introduit une aiguille attachée à une seringue contenant un cocktail mortel à travers l'abdomen de Yamina et pique l'embryon "surnuméraire". La mort est instantanée.

Les trois jours suivants sont déterminants pour l'avenir des deux embryons épargnés. Nous les vivons dans un sentiment d'impuissance et d'une angoisse totale. L'échographie nous donne le verdict : les cœurs des deux embryons battent toujours, alors que le troisième embryon n'est plus qu'une vague tache à peine visible.

Nous allons donc être parents, non plus de triplés, mais de jumeaux, si, bien entendu, la suite de la grossesse se déroule normalement.

Les semaines suivantes, Yamina perd du sang, parfois de manière abondante, mais le dosage de bêta HCG est normal et les échographies successives montrent désormais deux fœtus de quelques centimètres chacun. Son ventre commence à s'arrondir. Elle semble si heureuse et plus belle que jamais. Cette dernière étape brutale est passée et il s'agit maintenant de tout faire pour réussir la suite.

Après quelques semaines de repos, Yamina n'a qu'une idée en tête : retourner travailler au salon. Elle meurt d'envie de raconter ses péripéties à ses clientes, qui les suivent d'ailleurs depuis le début de notre relation. Malgré mes mises en garde, elle reprend le travail à temps plein. Pour ma part, je parle peu de ma vie privée, même à mes amis. Traducteur médical, et ayant fait des études de biologie, je sais très bien que, statistiquement, Yamina a une chance sur deux d'accoucher prématurément. En cas d'accouchement avant le septième mois le risque de handicap lourd est très élevé. Mon avenir est désormais entre les mains de Yamina et des médecins, et je ne peux rien y changer.

Malgré mes craintes, la grossesse se déroule normalement : le ventre de Yamina se bombe, et elle aime accrocher des foulards autour de sa taille pour accentuer cet effet. Elle est rayonnante et se porte bien, mais je trouve qu'elle ne se repose pas assez. Ma peur grandit au fil des semaines. Je suis de plus en plus insistant pour qu'elle s'accorde quelques journées au calme, à la maison. Après tout ce qu'elle a subi, ce véritable parcours du combattant, il ne faut pas qu'elle se mette en danger. Nous ne faisons plus l'amour, car elle a peur de faire tomber les fœtus. Peu importe, je suis heureux, si ce n'est cette angoisse qui me taraude.

Aux alentours du cinquième mois de grossesse, un nouveau contrôle médical montre que le col de l'utérus est entrouvert. L'équipe médicale prononce pour la première fois le mot fatidique "prématurité", et nous met en garde. Je supplie Yamina de lever le pied, de se reposer, afin qu'elle puisse mener la grossesse à terme. Désespéré, je hausse le ton en lui intimant que je ne lui pardonnerais jamais si l'un de nos enfants naissait handicapé à cause de son insouciance. Elle ne m'écoute pas, car elle est trop fière d'exposer son splendide ventre devant sa clientèle qui ne cesse de la flatter. Elle rayonne et sa popularité est encore plus accrue : tout le monde l'adore et se presse autour d'elle pour la complimenter. Au fil des semaines, son col se dilate un peu plus et je finis par perdre patience devant sa désinvolture :

- Mais tu ne te rends pas compte ? Les enfants encourent un risque de prématurité, Yamina ! Si tu ne veux pas penser à eux, pense au moins à moi, tu n'as pas le droit de m'entraîner dans un truc pareil !

Elle est hospitalisée d'urgence quelques jours plus tard : son col est ouvert de deux centimètres et on aperçoit la tête de l'un des bébés. Elle est à seulement cinq mois et demi de grossesse, soit trois mois et demi avant le terme normal. Toute l'équipe médicale est d'accord : repos total en hôpital, avec interdiction formelle de se lever, sauf pour aller aux toilettes. Normalement, on a hâte que sa femme accouche ; moi, je ne veux qu'une seule chose, que cet instant soit le plus tardif possible... Après toute la souffrance liée à la stérilité, tous ces traitements endurés, nous sommes de nouveau dans les sables mouvants. Pourtant, je la trouve souriante et calme lors de mes visites quotidiennes, même si elle sait qu'elle peut accoucher à tout moment : demain, dans une semaine, ou dans quatre mois... Tous les jours une sage femme enfile un gant et contrôle la dilatation du col. Les semaines passent et Yamina va bientôt arriver à son septième mois de grossesse. Chaque jour qui s'écoule est un jour de gagné pour la santé de nos bébés. Ses bras ressemblent à ceux d'une toxicomane, ses veines sont en piètre état, les perfusions, piqûres et autres injections leur donnent un aspect gonflé et violacé.

Puis, enfin, une lueur d'espoir se profile : les médecins estiment que les deux bébés ont atteint un poids de 1500 grammes chacun. C'est inespéré : La grossesse est à deux mois du terme normal, et nos enfants ont déjà un poids "viable".

Mais ce bonheur est de courte durée, car, quelques jours plus tard, alors que je lui rends visite comme d'habitude, on m'informe qu'elle est en salle de travail : son col est très dilaté, on ne peut plus reculer, plus attendre. Tout est joué, la naissance des jumeaux est imminente. Leur avenir et le nôtre sont à présent entre les seules mains de la médecine. Je rejoins Yamina en salle de travail et essaie de la rassurer. Si je suis extrêmement angoissé, je n'ose imaginer ce qu'elle doit ressentir, elle. La sage femme reste à nos côtés confiante et souriante.

- Comment allez-vous les appeler ?

Bonne question ! Nous avons à peine pris le temps de discuter des prénoms, leur existence ayant toujours semblé tellement hypothétique !

- Moi, je voudrais Alex et Jade, dit Yamina.

J'aurais préféré des noms qui reflètent mieux nos origines arabe et celte, mais je ne veux pas la contrarier à cet instant. Alors, Alex et Jade soient-ils. L'équipe médicale s'affaire dans tous les sens. Ils sont environ une douzaine en blouses blanches. Nous devons ressembler à deux enfants perdus. J'aurais voulu rester auprès de Yamina pendant l'accouchement, mais on me prie de sortir. Je m'exécute sans broncher, car je suis dans une sorte de maelström émotionnel : j'ai tant attendu cet instant, tout en le redoutant viscéralement.

On me met dans une petite pièce à côté de la salle d'accouchement, où le Dr R. me rejoint. Bien qu'ayant suivi la grossesse, ce n'est pas lui qui accouchera Yamina. Il se veut rassurant, comme toujours, mais connaît aussi bien que moi les enjeux. Je me trouve pathétique, impuissant. Mon avenir se joue à cet instant. Soudain, j'entends un cri, un cri de nouveau-né qui perce à travers la porte de la salle d'accouchement. Je retiens mon souffle, guettant un deuxième braillement, celui qui annoncera que mes deux enfants sont en vie. Mais rien, plus aucun son ne me parvient. Cinq, dix, quinze minutes s'écoulent et je me prépare au pire. Enfin, une infirmière ouvre la porte qui me sépare de la salle d'accouchement.

- L'accouchement s'est bien passé. Vos deux enfants vont être transférés dans le service de réanimation néonatale. Vous pourrez les voir dans la soirée. Votre femme reste encore un peu avec nous sous surveillance, nous la remontrons un peu plus tard dans sa chambre.

Il est près de 23 heures. Cela fait plus de six heures que j'attends cette nouvelle : Yamina et mes enfants sont vivants, tous les trois.

Alex & Jade

J'appelle mon frère pour lui annoncer la nouvelle, comme il l'avait fait lorsque sa femme venait d'accoucher de son premier enfant, deux mois auparavant. Seulement, cette fois il n'y a pas lieu de jubiler. Juste de quoi pousser ensemble quelques mots de soulagement, car la suite reste plus qu'incertaine.
Une infirmière vient me dire que je peux monter dans le service de réanimation néonatale. Couloir de gauche, couloir de droite, ascenseur, je monte au cinquième étage dans un état second *Service de réanimation néonatale,* j'y suis. Personne au bureau d'accueil. Je trouve un bouton d'appel et une infirmière finit par se présenter devant le sas d'entrée.
- Bonjour, je suis le père des jumeaux qui viennent d'être transférés dans votre service.
Elle m'invite à me laver les mains, à enfiler une blouse et des surchaussures et à me coiffer d'une charlotte avant de pénétrer dans la salle de réanimation.
Bien que travaillant dans le milieu médical depuis des

années, je n'ai jamais vu un tel endroit et ose à peine pénétrer dans la pièce. J'entends des bruits tous azimuts, des "*bip, bip, bip, bip*" qui résonnent dans tout le service, ponctués parfois par le son strident d'une alarme.

Je ne sais pas si je suis dans une pépinière ultramoderne ou dans un vaisseau spatial. Les larmes me piquent les yeux et, malgré les moniteurs et alarmes, je ressens un profond sentiment de soulagement et d'espoir. Des dizaines de couveuses sont reparties dans la pièce ; à l'intérieur de chacune d'entre elles repose un minuscule corps relié à des machines par des fils et des tuyaux. Par pudeur, je n'attarde pas mon regard sur eux et suis la jeune femme qui me guide à travers l'immense salle.

- Voilà, monsieur, je vous présente votre fille, Jade.

À l'intérieur de sa couveuse, Jade ressemble à une grenouille posée sur un plateau de dissection. Elle est couchée sur le dos, nue, bras et jambes écartés ; je suis frappé par la transparence de sa peau et par la petite touffe de cheveux noirs qui la coiffe. Ses yeux sont à peine ouverts et fixent le vide. Je scrute chaque parcelle de sa peau, la dévore du regard. Dans son nez est placée une sonde gastrique et, dans sa bouche, un tube qui l'aide à respirer. Elle a un cathéter dans un bras et un autre piqué dans le nombril. Le tout est relié à une batterie d'appareils qui émettent une lumière bleutée artificielle. Sa petite poi-

trine monte et descend au rythme du ventilateur qui respire à sa place. Les électrodes placées sur sa poitrine envoient son rythme cardiaque sur un moniteur : 165 battements par minute, 162, 134, 158... Tout cet appareillage est destiné à remplacer les fonctions du ventre maternel. Je porte ensuite mon regard sur Alex, qui est dans le même état que sa sœur, totalement dépendant de ces machines. Sa peau est un peu plus claire et ses cheveux ont un soupçon de roux. Mes gènes écossais qui ressortent ?
Ils ressemblent à peine à des bébés. Encore une fois mes émotions s'emmêlent. Tout est allé si vite ! Je revois Yamina, nue, allongée sur cette table médicale et ce Docteur R. prêt à lui enfoncer cette longue aiguille dans le vagin, celle qui véhiculait nos bébés afin de les planter dans son ventre. Je revois Yamina se pavaner et mettre en valeur ses nouvelles rondeurs ; je la revois hospitalisée et contrainte au repos forcé... Et voilà qu'à présent, nous y sommes, nos enfants sont nés, ils sont devant moi, vivants. Il n'est pas question de les toucher, de les serrer contre moi, tant ils sont fragiles ; leur vie est sur le fil du rasoir. Le personnel, très attentif, se veut rassurant et répond sans hésitation à toutes mes interrogations. Les puéricultrices m'apprennent qu'Alex était vigoureux à la naissance, mais que Jade avait un score de vitalité de 1 sur 10 : autrement dit, elle était quasiment morte née. Les médecins ont fait du bon boulot pour la ramener à la

vie, mais je me demande combien de temps son petit cerveau a manqué d'oxygène.

Je ne m'attarde pas. Je ne peux leur être d'aucune aide, d'aucune protection. Je dois laisser mes enfants-fœtus et leurs anges gardiens en blouses blanches faire ce qu'ils ont à faire. Je vais dans le service post-accouchement pour retrouver Yamina et la rassurer, lui dire que nos deux enfants sont en vie et entre de bonnes mains. Elle me tend deux photos Polaroïd que lui a remises la sage-femme. On devine sur chacune d'elles une sorte de tache ensanglantée ressemblant plus à un lapin écorché qu'à un bébé.

Le lendemain matin, j'emmène Yamina dans le service de réanimation en fauteuil roulant.

- Oh mon dieu, ils sont si petits ! S'exclame-t-elle en les découvrant.

Elle reste scotchée aux parois des couveuses et scrute leurs minuscules corps, rassurée de voir que tout est bien en place, que rien ne manque. Oui, ce sont des prématurés, mais de beaux prématurés : 1870 grammes pour Jade, 1920 grammes pour Alex. C'est inespéré pour des enfants nés deux mois avant terme. Comme tous les nouveau-nés, Alex et Jade commencent à perdre du poids au bout de quelques jours, et nous attendons fébrilement chaque pesée pour voir si la courbe va s'inverser. On nous informe que les reins et le transit intestinal des deux enfants fonctionnent bien. Par contre Jade a du mal à s'oxygéner, même avec son assistance respiratoire, et sa saturation d'oxygène frôle de plus en plus souvent des valeurs négatives. Le peu d'espoir que nous avions qu'ils survivent tous les deux commence à s'estomper. Nous ne le savons pas encore, mais ce "grand huit" émotionnel va durer plus de trois mois...

Après six jours d'angoisse, alors que l'état de Jade se dégrade inexorablement, nous voyons arriver à côté de sa couveuse une nouvelle machine respiratoire. Le personnel débranche l'ancienne et connecte Jade à la nouvelle. Immédiatement, sa poitrine cesse de monter et de descendre à chaque souffle, mais son corps entier se met à vibrer. Sa peau reprend très vite une couleur rose et je comprends qu'elle va s'en sortir, tout du moins au niveau de sa respiration.

Yamina et moi nous rendons dans le service chaque jour et y restons durant des heures. Nous observons Alex et Jade à travers les vitres de leurs couveuses. Nous discutons avec le personnel et d'autres parents, et entendons parfois des histoires à faire froid dans le dos. Dans le service se trouve un enfant né près d'un an auparavant, son état de santé ne lui ayant pas encore permis de quitter le service. Il est allongé sur le dos et un petit transistor posé à côté de son oreille gauche émet une douce musique. Nous n'avons jamais vu ses parents lui rendre visite.

Voilà une semaine que nos enfants sont nés. L'état de Jade s'est stabilisé, et elle et son frère commencent à prendre du poids, dépassant allègrement les deux kilos... C'est bon signe, mais nous ne pouvons pas encore crier victoire. À son dixième jour, Jade contracte une bactérie dangereuse résistante aux antibiotiques, le SARM, sans doute portée de couveuse en couveuse par un membre du personnel ayant négligé de se laver les mains entre deux soins. Je veux m'indigner, mais je sais que ça ne changera rien à la situation. Le lendemain, nous découvrons Jade avec un cathéter planté dans la tête, sous le cuir chevelu. Les puéricultrices nous expliquent que c'est la seule solution pour la nourrir, car la veine au niveau du nombril par où passait le mélange nutritif a fini par se nécroser. Assis à côté de la couveuse de Jade, perdu dans mes pensées, je lève un moment la tête et croise ses petits yeux noirs, qui semblent me fixer un bref instant. Ce regard me transperce : ce n'est plus une prématurée qui regarde dans le vide, mais enfin ma fille Jade qui semble me découvrir, moi son père.

Les jours deviennent des semaines. Tous les tests, et surtout les radios du cerveau, sont normaux pour les deux enfants. Yamina et moi entrons dans une fausse routine. Parfois nos nerfs lâchent et nous partons dans des fous rires nerveux et incontrôlables, imaginant des scénarios pires encore que celui que nous sommes en train de vivre.

Après cinq semaines passées en réanimation, Alex

est transféré dans le service post-réa, celui où l'on peut considérer qu'un prématuré est tiré d'affaire. Trois semaines plus tard, Jade finit par être désintubée et rejoint son frère. Ils ne sont plus dans leur cage en verre, mais dans une couveuse ouverte et nous pouvons enfin les blottir contre nous pendant quelques minutes sous notre blouse, peau contre peau. C'est un pas immense qui nous fait presque oublier tout ce qui s'est passé ces dernières semaines.

Alors que les fêtes de Noël approchent, et que nous espérons enfin ramener les enfants chez nous, la clinique nous appelle en fin de soirée. Jade a été réadmise en réanimation. Nous sautons dans un taxi pour nous rendre à l'hôpital. On nous apprend que le service subit une épidémie de nécrose intestinale due à un virus très contagieux, et que notre fille est infectée. Elle risque de perdre son colon. Je regarde ma fille de nouveau intubée et sous respirateur artificiel. L'idée de la perdre définitivement me terrorise.

"Jade… Bats-toi ma chérie… Jade…"

Alex et Jade finissent, après près de huit semaines d'hospitalisation, par rejoindre notre foyer. J'ai rêvé de ces instants depuis des mois et j'ai encore du mal à réaliser qu'ils sont réels. Je savoure chaque instant malgré la fatigue qui s'est accumulée.

Notre joie est, une fois de plus, de courte durée. Jade contracte une bronchiolite, une sorte de gros rhume qui descend sur ses bronches fragilisées, et doit être hospitalisée de nouveau pendant deux semaines. Puis, deux jours plus tard, Yamina m'appelle au bureau : Alex a été emmené en ambulance à l'hôpital. Elle l'a découvert dans son berceau, ne respirant plus et virant au bleu. Il est transféré dans le même service de néonatologie qu'avant, et est de nouveau intubé. Après un mois de tests et de surveillance, on nous annonce enfin que nous pouvons ramener Alex à la maison, où sa sœur l'attend déjà.

Le déménagement

Les jumeaux vont bientôt souffler leur première bougie et leur développement psychomoteur est normal : ils ont le regard vif, mangent bien, voire trop, prennent du poids et commencent enfin à se déplacer en rampant sur la moquette. Très vite, notre appartement de quarante mètres carrés s'avère vraiment trop étroit pour nous quatre, même si les jumeaux tiennent encore dans un seul lit à barreaux.

La vie en plein centre de Lyon n'est pas idéale pour élever de jeunes enfants et je veux qu'ils puissent s'ébattre dans la nature comme moi j'ai pu le faire tout au long de mon enfance. J'ai très envie que nous nous installions en bord de mer. Un copain m'apprend que sa sœur vend sa maison près de Montpellier et je bondis aussitôt sur l'occasion. J'en parle à Yamina et pars en éclaireur la visiter. La maison se trouve dans un petit village en bord de mer. Elle est immense, près de deux cents mètres carrés habitables, et est dotée d'un grand jardin sauvage et fleuri, le tout à un prix abordable. Je fais une deuxième visite avec Yamina. La maison lui plaît aussi et, bien qu'elle soit très attachée à la vie lyonnaise, nous emménageons quelques semaines plus tard sur la côte méditerranéenne.

Yamina semble heureuse de s'occuper de la maison. Le soleil inonde la belle véranda en fer forgé, et la plage est juste à côté. Quant aux enfants, ils batifolent dans le jardin, jouent avec le tuyau d'arrosage, explorent, mangent des insectes… J'aménage un bureau dans une extrémité de la maison et embauche une secrétaire. Le week-end, je m'occupe du jardin : je plante des centaines de bulbes à fleurs et toutes sortes de fleurs parfumées, rosiers, chèvrefeuille, lilas, glycines. Petit à petit, nous sympathisons avec notre entourage. Nos voisins sont charmants et serviables et les commerçants du village agréables et souriants. Je finis presque par oublier le stress quotidien de la vie lyonnaise et les semaines d'angoisse passées entre deux portes d'hôpital. Ici, tout semble plus simple et accessible. Mais surtout, Yamina et les enfants sont épanouis et en bonne santé. À croire que nous sommes enfin sortis de l'enfer pour nous retrouver dans un petit coin de paradis.

Nous décidons de nous marier en Angleterre où réside ma famille. Comme Yamina est d'origine algérienne, elle doit résider en Angleterre pendant un minimum de quatre semaines avant de pouvoir m'épouser là-bas. Elle part donc, avec les jumeaux, s'installer chez mes parents afin de remplir cette condition et préparer la cérémonie. Je reste en France pour assurer mon travail et la rejoins trois semaines plus tard. Le soir même de mon arrivée à Portsmouth, mon frère vient me chercher pour enterrer ma vie de garçon. Comme il se doit, la soirée est bien arrosée et je rentre chez mes parents à l'aurore, sain et sauf mais avec un petit orteil cassé...

Le matin au réveil, Yamina me fait la tête, ce qui n'arrange en rien ma gueule de bois. Elle me reproche de l'avoir délaissée toute la nuit. J'essaie d'arranger les choses, mais elle s'énerve de plus belle et devient carrément hystérique. Elle trépigne dans toute la maison, hurle, et exige de rentrer immédiatement en France. Elle bouscule mes parents, arrache violemment les jumeaux des bras de mon père, et les jette dans notre voiture. Nous sommes tous abasourdis. Comme je ne peux pas la laisser conduire dans un tel état, je me fige devant la voiture, les mains sur le capot, et lui explique que je ne la laisserai partir que lorsqu'elle se sera calmée. Elle finit par éteindre le moteur et sortir du véhicule, hurlant de rage. Je suis contraint de lui promettre que nous allons rentrer en France le jour même. J'annule le mariage et la réception puis réserve une place sur le ferry de nuit. À l'embarcation, Yamina tient la poussette tandis que je la suis, boitillant, les valises à la main. Mon orteil est douloureux et chaque pas me fait un mal de chien. Intérieurement, je ne peux qu'en rire : après tout ce nous avons vécu, cette situation est aussi absurde que pitoyable.

La naissance imprévue

La vie reprend son cours dans notre maison en bord de mer. Yamina refuse de parler de l'incident qui s'est produit en Angleterre et je sens qu'il est illusoire de ma part d'espérer une explication, encore moins des excuses.
Elle ne souhaite apparemment pas travailler dans l'immédiat, bien que je la pousse à reprendre la coiffure afin de sortir un peu de la maison. Les jumeaux ont presque deux ans et sont très accaparants. Contre toute attente, car elle est censée être stérile, Yamina tombe de nouveau enceinte. Mais au lieu de se réjouir de cette grossesse naturelle, elle est effondrée. J'ai du mal à la comprendre, car, après tout ce que nous avons enduré, je voudrais tant vivre auprès d'elle une grossesse normale, sans assistance médicale. Je suis aussi persuadé que la naissance d'un nouvel enfant, dans de bonnes conditions, pourrait nous aider à guérir de nos traumatismes passés. Elle décide finalement de garder cet enfant à naître, qui, à

en croire les résultats des tests hormonaux, est plus que vigoureux ! Mais elle vit très mal les semaines qui suivent. Elle souffre d'hypersialorrhée, une sécrétion surabondante de salive, qui l'oblige à porter en permanence un mouchoir à la main et la fatigue énormément. Elle a aussi très mal au dos et est facilement irritable. La grossesse va néanmoins à son terme, sans la moindre complication.

Un matin d'hiver 1994, Yamina perd les eaux et nous nous rendons tranquillement dans la clinique où nous attend le médecin-obstétricien, seul, en baskets et bras de chemise. Yamina préfère que je quitte la pièce au moment de l'accouchement, ce qui ne me pose pas de problème. À peine une demi-heure plus tard, on me présente notre petite fille, Laura. Elle est toute potelée, avec de grands yeux bleus et une superbe bouille.

Les premières violences

Début 1995

Le début des insultes

Bien qu'épuisée par cette deuxième grossesse, Yamina tient à assurer pleinement son rôle de mère. Elle refuse de se reposer, alors que je suis prêt à m'occuper de tout, en plus de mon travail. Elle s'énerve de plus en plus souvent, pour un oui ou pour un non, et son attitude devient très lunatique. Elle ne cesse de me faire des reproches que j'estime infondés et, quoi que je fasse pour l'aider au quotidien dans la maison, elle trouve toujours un prétexte pour me critiquer. Mais, surtout, elle commence à utiliser des mots de plus en plus durs, jusqu'au jour où elle franchit la limite de la grossièreté :

- T'as encore oublié de lancer la machine à laver connard !

Pourtant, je fais souvent les courses et la cuisine, et passe du temps avec les enfants, leur donnant le bain du soir et leur chantant chacun une berceuse. Mais rien n'y fait et l'attitude de Yamina à mon égard se dégrade au fil des jours. Curieusement, quand elle est calme et bien disposée je redeviens "l'homme le plus merveilleux du monde"…

Laura a à peine trois semaines et Yamina s'inquiète pour elle : elle trouve que notre petite fille n'est pas suffisamment tonique, qu'elle gigote peu dans son berceau depuis quelques jours. Devant son insistance, nous emmenons Laura aux urgences. Nous sommes reçus par une jeune femme médecin qui lui prescrit une radio afin de déceler une éventuelle méningite. Une fois la radio faite, alors que Yamina et moi sommes dans l'ascenseur qui nous ramène vers la salle de consultation, elle commence à pester contre le médecin qu'elle estime incompétent et s'acharne sur les clichés qu'elle veut déchirer. Je la regarde, médusé, essaye de la calmer, mais elle est hors d'elle. La pauvre interne qui s'occupe de nous en prend pour son grade : Yamina la traite de tous les noms et l'accuse d'être incapable de trouver la cause de la fatigue passagère et pourtant anodine de notre fille ! Elle doit encore se souvenir de cet incident, tant il fut violent. Elle ne sera que la première d'une longue liste de personnes qui regretteront d'avoir croisé un jour le chemin de Yamina lorsqu'elle est en crise. Évidemment, je retourne, seul, dans le service pour expliquer au médecin que ma femme n'est pas dans son état normal, mais je ne sais pas si cela a pu atténuer le choc de cette attaque au vitriol.

Ces instants de subite colère pour une raison totalement injustifiée et incompréhensible me rendent perplexe : je n'arrive pas à saisir comment Yamina peut, en un dixième de seconde, passer d'un état calme à celui d'une furie. Bien sûr, les grossesses l'ont beaucoup fatiguée, voire déboussolée, mais je soupçonne autre chose : une dépression postnatale. Le problème est que je ne suis pas médecin et que, de toute façon, je ne vais pas avoir d'autre choix que de gérer cela au quotidien.

Pour la soulager des tâches domestiques, je propose d'engager une fille au pair. Une agence nous envoie Linda, une jeune Irlandaise de vingt-deux ans, adorable, une vraie perle qui s'occupe merveilleusement bien des jumeaux et de Laura. Toujours souriante et serviable, elle amène un vrai rayon de soleil dans la maison. Connaissant Yamina, et afin de ne pas attiser sa jalousie, j'évite de me retrouver seul avec Linda et m'en tiens à une relation très neutre. Mais, très vite, Yamina commence à se plaindre de la jeune fille pour des raisons que seule son imagination nourrit. Un après-midi, alors que les enfants font la sieste dans leur chambre et que le calme règne dans la maison, Yamina me rejoint dans la cuisine et commence à se plaindre de Linda, qui, paraît-il, s'est préparé des œufs au plat sans lui en proposer. Elle l'injurie, la traite de salope, de connasse et pire encore... Linda, qui est dans sa chambre à l'étage, doit certainement entendre le ton qui monte. Je tente de raisonner Ya-

mina, mais elle ne m'entend plus. Je la laisse alors délirer, car elle s'est enfermée dans son monde et rien ne pourra la détourner de son but : accabler Linda et la faire disparaître de notre vie. Subitement, elle se précipite hors de la cuisine en direction de l'escalier. Je lui barre la route, mais elle se met à hurler :
- Dégage de ma maison sale petite pute ! Tu m'entends ? Casse-toi !
Linda doit être terrorisée. Je grimpe les marches quatre à quatre et la trouve en train de faire sa valise, des larmes coulent sur ses joues. Je me confonds en excuses, et lui explique que ma femme est très éprouvée par ses grossesses, mais je sais que je n'ai pas d'autre alternative que de réserver ses billets de retour vers l'Irlande puis de l'emmener à la gare. Yamina refuse obstinément que Linda aille dans la chambre des enfants pour leur dire au revoir, alors je les habille et les emmène tout de même avec nous. Il n'est pas question pour moi que Linda disparaisse de leur vie sans leur permettre d'embrasser leur nounou une dernière fois. Je paie le billet de retour à Linda et lui glisse son solde de tout compte ainsi que quelques billets supplémentaires. Linda, si un jour tu lis ces lignes, sache à quel point je regrette que tu aies été mêlée à cette triste histoire…

Un climat totalement déstabilisant s'installe désormais à la maison. Yamina a des sautes d'humeur de plus en plus virulentes et soudaines, dont je suis tou-

jours la principale cible :
- Espèce de connard ! T'as une couille à la place du cerveau ? Pauvre con, va ! Dégage connard !
Mais comment peut-elle m'injurier de la sorte, alors que la veille elle me déclarait : *"aucun homme ne t'arrive à la cheville"* ?
Pour moi la dépression postnatale devient une évidence, mais comment puis-je l'aider alors que je suis moi-même la cible de ses colères ? Au mieux, je peux essayer de la rassurer, l'aider à se reposer, et tenter de ramener un peu de raison dans son esprit. Elle refuse d'aller se reposer dans un centre de thalassothérapie alors que je suis prêt à m'occuper de tout en son absence.
Ne pouvant en discuter avec elle, et ayant peu de confidents, mis à part ma famille en Angleterre, je me mets à écrire. Des petits mots pour ma femme et des lettres plus longues. Je note aussi certains incidents violents afin de pouvoir identifier un facteur déclenchant que je n'aurais pas remarqué, mais aussi pour analyser mes propres réactions. Comme elle me reproche d'être la cause de ses crises, je dois au moins me poser la question sur ma part de responsabilité. Après tout, comment savoir si ce n'est pas moi qui ai "perdu la boule" ? Ce doute va me tarauder toute au long de cette histoire, et parfois même aujourd'hui encore.
Les jours se suivent et se ressemblent : elle pique

des crises subites, m'insulte, puis redevient "normale", permettant le retour d'un calme précaire. Mais chaque crise, chaque pique me blessent profondément, comme la torture de la goutte d'eau, ce supplice qui fini par rendre fou. À chaque instant je sais qu'elle peut de nouveau péter un plomb, et que je vais devoir subir ses attaques verbales. Une simple coupe de cheveux peut dégénérer. Je me revois assis sur cette chaise de la véranda. L'ambiance est détendue et je suis heureux d'entendre le cliquetis de ses ciseaux dans mes cheveux. Elle me parle de tout et de rien tout en me coiffant. Mais son discours devient de moins en moins cohérent, elle s'excite toute seule et finit par jeter violemment les ciseaux au sol, me laissant abasourdi sur ma chaise, une moitié de la tête coupée, l'autre pas. Je ne sais plus quelle raison j'ai inventée pour expliquer ma "demi-coupe" en me rendant dans un salon pour finir le travail...

Pourquoi est-elle comme ça ? Je pense bien sûr au rôle que son passé pourrait jouer. Mais son enfance est un sujet tabou qu'elle refuse systématiquement d'aborder, et en plus elle a coupé tout contact avec sa famille. La seule chose qu'elle m'ait laissé entendre est qu'elle aurait été retirée à ses parents à l'âge de douze ans pour des actes de maltraitance, puis placée dans une famille d'accueil. Elle m'a aussi dit que son petit frère a été victime d'un grave accident lorsqu'elle en avait la charge et qu'il se trouve dans une institution spécialisée ; que c'est à partir de ce moment-là que ses parents auraient commencé à la malmener. Mais de toutes les façons ce n'est pas mon rôle de l'analyser : je suis son partenaire, pas son psy.

Ça se dégrade

Au fil des semaines, les barrières tombent et Yamina n'a plus de retenue. Après les insultes verbales, elle commence à manifester sa rage en m'attaquant physiquement. Désormais, lors de ses crises, elle m'afflige d'abord de reproches puis me lance des insultes immondes et finit par se jeter sur moi, toutes griffes dehors. Elle tente de me donner des coups de poing, des coups de pied, tout en hurlant des insanités. Je n'ai pas de mal à maîtriser ses coups, mais chaque attaque m'anéantit. Une fois l'orage passé, elle vaque à ses occupations et adopte un comportement des plus normaux.

Ses accusations sont délirantes. Elle me reproche de ne rien faire pour l'aider, alors que je passe chaque seconde de mon temps libre à l'épauler, du lever au coucher. Les jumeaux ont presque trois ans et ne sont pas encore scolarisés, alors que Laura n'a que quelques mois. Jade et Alex sont tétanisés devant les scènes terrifiantes que provoque leur mère. Ils se serrent l'un contre l'autre, recroquevillés dans un coin de la pièce et je vois Jade cacher son visage dans ses petites mains. Laura, elle, est le plus souvent dans son transat et ne cesse de pleurer. Je ne sais même pas si Yamina réalise que les enfants sont présents dans ces moments-là.

À chaque fois, lorsqu'elle "revient à elle", je tente de lui dire combien ses crises nous font mal, mais c'est peine perdue. Soit elle feint de n'en avoir aucun souvenir, soit elle maintient que "je le mérite" et que je n'avais qu'à ne pas la provoquer. Une des choses qui m'impressionne le plus est sa faculté à adopter un comportement totalement normal et naturel lorsque des amis ou voisins passent à l'improviste. Elle est souriante, accueillante et réellement drôle. Personne ne pourrait imaginer qu'une femme si frêle et douce puisse se transformer en furie violente et grossière.

Un jour, alors que je discute avec trois de ses amies installées dans le jardin en face de la véranda, Yamina sort de la maison en brandissant un balai à bout de bras. Elle s'élance vers moi et tente de me donner un coup sur la tête. J'entends encore ses amies ricaner. Oui, Yamina peut être drôle, vraiment très drôle…
J'esquive un deuxième coup, mais le manche du balai frôle le visage de Jade qui se tient juste derrière moi. Je saisis la main ma fille et l'entraîne à l'intérieur de la maison. De la fenêtre de la chambre de ma fille, à l'étage, j'aperçois Yamina et ses amies allongées

sur les transats du jardin. Elles sirotent un verre de jus de fruit et bavardent joyeusement.

Presque toutes les crises se passent devant les enfants. Alors, dès que je le peux, je les emmène dans leur chambre en leur assurant que leur maman est juste fatiguée et que, bientôt, tout ira mieux. Je voudrais tellement leur dire que son comportement est inacceptable et qu'ils ne doivent en aucun cas l'imiter, mais ils sont très jeunes et je ne veux pas les perturber davantage. Le soir venu, les larmes aux yeux, la voix cassée, je les serre tour à tour contre moi, leur lis une histoire, puis leur chante une berceuse. Je dois à tout prix les protéger, non seulement physiquement, mais aussi et surtout psychologiquement.

Yamina fait la pluie et le beau temps à la maison, tout comme elle le faisait dans le salon de coiffure lyonnais où elle travaillait. Très populaire, drôle, vive, elle est adorée de tous : voisins, commerçants ou amis envient sans doute l'homme qui partage sa vie. Il se dégage d'elle une aura ravageuse. Même la première directrice d'école maternelle d'Alex tombe sous son charme alors que Yamina vient de faire un esclandre devant toute la classe, car elle refuse que notre fils ait une enseignante qu'elle juge d'apparence trop austère ! Alex, en larmes, est immédiatement changé de classe. C'est son tout premier jour d'école.

Je suis de plus en plus convaincu que ses accès de colère et de violence sont dus à une forme de dépression postnatale, sinon à un problème psychologique plus grave. Comment analyser cette situation autrement ? J'ai disséqué mon propre comportement, mes paroles, mes attitudes pendant des heures et n'y ai rien trouvé qui puisse déclencher les crises, et encore moins les justifier.

Vu que je ne peux nous sortir seul de ce pétrin, je décide de prendre rendez-vous avec un conseiller conjugal. Ce n'est pas évident pour moi de me retourner vers "un pro du couple", m'étant toujours débrouillé seul en toute circonstance. J'en parle à Yamina, mais elle refuse catégoriquement de m'accompagner :

- T'as toujours pas compris que tout vient de toi ? De ton attitude ? Moi, je vais très bien, je n'ai aucun souci, tu m'entends Dan, aucun souci !

Je me rends donc seul au cabinet de Madame BG, situé dans un pavillon de banlieue. Après quelques minutes passées dans la salle d'attente, je vois une femme qui sort du bureau de consultation en pleurs. C'est à mon tour. J'explique la situation en quelques mots, puis Mme BG me questionne en prenant des notes. La consultation dure environ quarante minutes, et le fait de pouvoir parler avec quelqu'un de neutre me fait du bien. Nous fixons un second rendez-vous. Je me rends compte que j'ai besoin de soutien, mais surtout je veux trouver une solution. Cette fois-ci, Yamina accepte de m'accompagner. Elle est lourdement maquillée, ce qui trahit sa nervosité. Madame BG lui pose une première question et Yamina se lance dans un véritable torrent d'accusations à mon égard :

- "Lui ? Il ne fait jamais la vaisselle, il ne fait jamais le ménage, il ne s'occupe jamais des enfants ! Il ne me baise même pas ! Il est toujours à droite et à gauche, jamais à la maison, il ne pense qu'à lui, qu'à sa sale gueule !"

J'entends ce flot d'insanités pendant plus d'une demi-heure, sans la moindre intervention de la conseillère. Je suis complètement sidéré. Elle crache son venin avec un tel aplomb que je ne peux croire que cette femme est celle pour qui j'étais il y a encore quelque temps *"le seul homme au monde avec qui j'aurais pu faire des enfants"*... À la fin de la consultation, Yamina dit qu'elle ne ressent pas le besoin d'un nouveau rendez-vous. Pour elle, tout est clair : son compagnon, moi, a un problème qui empêche la vie de notre famille de tourner rond.

Sur le chemin du retour, alors que je conduis et qu'elle regarde par la fenêtre, les yeux fixés dans le vague, j'ose aborder un sujet important que la conseillère a évoqué pendant la consultation.

- C'est vrai que nous ne parlons jamais de notre vie sexuelle Yamina, alors qu'avant...

- Mais de quoi veux-tu parler pauvre mec ? On n'en a pas !

Je me rends à l'évidence : tant que je suis la cible de sa haine, je ne peux rien faire pour l'aider. Il va falloir employer d'autres moyens, mais lesquels ?

La violence devient systématique

Ses excès de colère sont de plus en plus fréquents. Tous les trois à sept jours, pour une broutille, généralement en présence des enfants, elle m'insulte, me crache au visage puis m'attaque avec n'importe quel objet qui lui tombe sous la main : coupe-lettre, balais, tournevis... Elle détruit tout ce que je construis, comme ces dizaines de semis que j'avais préparés sous la véranda en vue de faire fleurir le jardin au printemps.

En quelques mois la situation est passée de grave à carrément dangereuse. Les enfants assistent la plupart du temps à ce cauchemar et leur équilibre est menacé. Je demande alors fermement à Yamina de ne plus m'insulter devant eux. Instantanément elle se retourne vers notre fils Alex, âgé d'à peine trois ans, et lui lance :

- Tu entends Alex, ton père, c'est un connard !

Je pense bien sûr à m'éloigner de la maison, mais comment laisser les enfants avec une mère qui disjoncte ? Une femme capable de les laisser seuls à la maison pour me pourchasser dans la rue si je tente de lui échapper ? Comment oublier cette journée où, après une énième attaque, j'ai fui, avec mon fils dans les bras, pour demander de l'aide à un couple de voisins ? Yamina nous a rattrapés, m'a insulté, craché au visage puis matraqué de coups de pieds, sous le regard terrorisé d'Alex ? Une scène terrifiante qui s'est déroulée sous les yeux des voisins et qui ne leur a provoqué quasiment aucune réaction...

Après une nuit particulièrement pénible, je me rends dans le service psychiatrique de l'hôpital de Montpellier. Je dois trouver une solution, sinon je vais moi-même péter un plomb. Je suis convaincu que Yamina a besoin d'aide, d'une assistance que je ne peux pas lui apporter et qui dépasse les possibilités de l'amour - total - que j'ai pour elle. Les couloirs du service psychiatrique sont vides car c'est l'heure du déjeuner, mais une infirmière sort d'un bureau et me demande ce que je cherche. Je suis dans un sale état, mes mains tremblent et je ne sais plus quoi faire pour ne pas devenir fou. Yamina vient encore de m'agresser en présence des enfants et je suis à bout. J'explique péniblement ma situation à cette jeune femme qui m'écoute avec attention. C'est la première fois que je peux vraiment dire ce qui m'arrive : que ma situation ne relève pas d'un problème de couple, mais d'un problème psychiatrique. J'en ai encore les larmes qui me montent aux yeux en pensant à cette infirmière, car elle m'a pris très au sérieux.

Je lui pose une question capitale :

- Pensez-vous que, si je pars de la maison, mes enfants seront en sécurité en restant avec leur mère ?

- Non. Non, Monsieur, d'après ce que vous me dites, ils ne le seront pas. Je suis désolée.

Elle griffonne sur un bout de papier les coordonnées téléphoniques d'un médecin psychiatre du service. Je l'enfouis dans ma poche et reprends le chemin de la maison. Je propose à Yamina de rencontrer ce médecin, *"au cas où tu serais en dépression"*, et elle finit par accepter. Je suis convaincu que c'est un tournant. Dans un premier temps, le médecin nous reçoit ensemble pendant quelques minutes, puis me demande de sortir pour s'entretenir seul avec elle. Assis dans la salle d'attente la tête entre les mains, je croise les doigts pour que ce type ne passe pas à côté du diagnostic et que Yamina puisse enfin s'engager sur le chemin de la guérison. Quelques minutes plus tard, il m'invite à les rejoindre dans son bureau. Je croise le regard de Yamina, qui semble calme jusqu'au moment où le toubib prend la parole.

- Voilà madame, vous souffrez d'une dépression et je vais vous prescrire un médicament antidépresseur. Je pense aussi qu'il serait bénéfique pour vous de faire un court séjour dans notre nouveau centre spécialisé dans le traitement de la dépression.

Je sens un énorme soulagement en entendant ces paroles, mais il sera de très courte durée. Yamina se lève brutalement, laissant tomber sa chaise en arrière, et hurle en direction du médecin :
- Je ne suis pas folle ! Vous m'entendez ? Je ne suis pas folle ! Vous n'allez pas m'enfermer comme ça !
Elle quitte la pièce ivre de colère. Je me précipite dans le couloir et l'attrape par le bras, mais elle se dégage violemment et refuse de retourner dans le bureau. Dépité, je cours retrouver le psy afin qu'il me conseille.
- Qu'est-ce que je fais maintenant docteur ?
- Vous ne pouvez rien faire. Rien.
De retour à la maison je découvre qu'elle a déchiré l'ordonnance d'antidépresseur. Cependant, quelques jours plus tard, elle change d'avis et me demande de m'en procurer une nouvelle. Elle prend ses comprimés durant trois jours puis finit par jeter le reste de la boîte à la poubelle.
Yamina est donc malade, et c'est un médecin qui le dit. Si ce diagnostic me confirme ce que je pense depuis des mois, je n'en suis pas pour autant rassuré. Comment faire si elle ne veut pas se soigner ? La faire interner ?
Parfois, au lendemain d'une attaque particulièrement violente, quand elle se rend compte du mal qu'elle me fait en découvrant la trace de ses griffures sur mes bras, mon cou, ou les bleus sur mes jambes,

elle s'excuse. Alors, je reprends espoir et arrive à la convaincre qu'il faut vraiment faire quelque chose "cette fois-ci". Comme elle ne veut jamais revoir un psy que nous avons déjà consulté, je regarde le bottin et en trouve un autre. Mais, presque systématiquement, une fois le rendez-vous pris, elle change encore d'avis et n'est plus disposée à se faire soigner. Selon elle, c'est moi qui suis malade.

Un de ces psychiatres trouvés dans le bottin habite pas très loin de la maison. Son cabinet se trouve dans une maison de maître, entourée d'un beau jardin. Je suis optimiste, même si j'ai dû m'y rendre seul. Après quelques minutes dans la salle d'attente, il me prie d'entrer dans son bureau. Sur sa table de consultation trônent une bouteille de whisky vide et un verre. Assis en face de moi, les yeux bouffis et la tête posée sur ses mains, il bredouille "Que puis-je pour vous ?" avant de s'affaler, le menton posé sur le bureau, les yeux tournoyants.

Je l'ai remercié pour la consultation, payé ses honoraires, et suis retourné à la maison. Je n'avais pas la force de m'occuper d'une femme violente et en plus d'un psy alcoolique.

Je me retrouve devant un dilemme impossible à résoudre. Si Yamina est vraiment malade, je dois rester à ses côtés : est-ce que je l'abandonnerais si elle était atteinte d'une grave maladie physique, tel un cancer du sein ou une sclérose en plaques ? Bien sûr que non.

Une fois de plus, je l'accompagne chez un nouveau psy, recommandé cette fois-ci par l'une de ses connaissances. Très vite, lors de l'entretien, je réalise que cette femme prend parti pour Yamina :

- Mais monsieur, vous rendez-vous compte de votre responsabilité dans la violence de votre femme ?

Cette question me met hors de moi, et je lui rétorque spontanément :

- Mais c'est comme si vous disiez qu'une femme violée en est responsable parce qu'elle se promenait en mini-jupe !

- Voilà une réflexion bien curieuse monsieur…

Je prends conscience à ce moment-là du pouvoir de ce mot *curieux*, surtout dans la bouche d'un psy. Que veut dire cette femme qui ne connaît rien de ma vie et qui pourtant me juge ? Que je suis un pervers qui s'ignore ?

Parfois, même si c'est assez laborieux, j'arrive à capter l'attention de Yamina et à lui dire ce que je ressens. Je pèse soigneusement chacun de mes mots afin de ne pas déclencher une nouvelle crise. Je lui explique que si parfois je suis un peu introverti, c'est uniquement parce qu'après ses crises, je ne sais plus quoi lui dire afin qu'elle comprenne à quel point cela me fait mal, à quel point cela amenuise ma confiance en elle ; que son comportement dans ces moments-là n'a rien de normal, que ce n'est pas la situation extérieure qui la pousse à perdre le contrôle d'elle-même, mais plutôt ce qui se passe dans sa tête et qu'il faut qu'elle prenne conscience de son comportement. À chaque phrase que je prononce, je reprends ma respiration, je sais qu'un seul mot de travers peut briser tout dialogue et la rendre hystérique. Je lui explique aussi qu'il n'est pas question pour moi de la quitter, mais que je n'accepte pas d'être son punching-ball.

Il faut à tout prix que ses crises s'arrêtent. Si je suis encore capable de prendre sur moi, ce n'est pas le cas d'Alex, Jade et encore moins de Laura. Ils voient et entendent des choses qui vont finir par rester gravées à jamais dans leur esprit et qui risquent de perturber leur adolescence, voire leur vie d'adulte.

J'explique à Yamina dans une longue lettre que je ne veux plus la voir dans de tels états. Je ne lui demande pas de ne plus jamais être en colère : bien au contraire, une bonne colère libère parfois l'atmosphère, mais seulement si elle est saine et justifiée. En revanche, si elle transforme le moindre problème en espèce de guerre nucléaire qui détruit tout sur son passage, elle risque de laisser derrière elle des souffrances irréversibles. L'amour ne donne pas carte blanche : les mêmes règles de respect s'appliquent tant au sein d'un couple ou d'une famille qu'à l'extérieur.

Je continue à me réfugier dans l'écriture pour ne pas perdre la tête. Je lui écris, j'écris notre histoire, j'écris les incidents particulièrement violents.

Les moments de répit sont de courtes durées et Yamina m'isole un peu plus chaque jour de mes amis, de ma famille, et même des enfants. Elle casse les téléphones, éclate le fax contre le mur, comme si elle voulait me réduire au silence.

Une crise d'une rare violence explose pour une raison anodine, comme toujours. Elle me pourchasse à travers la maison, avec un tournevis à la main, hurlant des injures immondes. Je trouve alors refuge dans mon bureau, où je m'enferme à double tour. Je tremble devant tant de haine et ne sais plus quoi faire. J'empoigne un téléphone qui marche encore et compose le numéro du SAMU pour demander les urgences psychiatriques. Je l'entends hurler de toutes ses forces derrière la porte qu'elle commence maintenant à défoncer à coups de pied d'une violence inouïe. Le SAMU m'informe qu'il n'y a pas d'urgences psychiatriques, mais me donne le numéro d'un médecin de garde. Je l'appelle immédiatement. À son arrivée, il ne peut rien faire : la crise est terminée et Yamina apparaît dans un état calme et détendu. Je crois devenir fou.

Lors d'une visite chez mon généraliste pour soigner une bronchite, je lui explique rapidement ma situation. Il m'écoute attentivement et conclut que si les choses devenaient critiques, il accepterait d'appuyer une demande d'hospitalisation d'office. Il me prescrit aussi des calmants car il me trouve anxieux.

Les enfants sont de plus en plus en danger. Leur mère ne les attache plus en voiture et s'engage parfois en marche arrière sur la route qui borde la maison sans se soucier de savoir si la voie est libre. Elle n'hésite pas à les prendre à partie, surtout si j'ose m'opposer à elle :

- Les enfants, votre père est un branleur, un connard et un bon à rien ! Vous m'entendez ?

Je ne sais plus comment les rassurer lorsque, hystérique, elle me crache au visage alors que je tiens l'un d'eux dans mes bras. Je sens alors leur petit visage s'enfouir dans mon cou et leurs bras se resserrer autour. Même malade, comment peut-elle leur faire subir ça ?

Je finis par me demander si je ne dois pas employer les mêmes armes qu'elle, faire de la surenchère, proférer des menaces pires que les siennes. Mais j'en suis incapable : la violence n'est pas dans ma nature et, contrairement à elle, je ne suis pas prêt à faire mal aux enfants pour l'atteindre. De toutes les façons, je sais à présent qu'elle n'a plus de limite, y compris celle de la mort. Cette violence va crescendo et je redoute qu'un accident ou un incident mal maîtrisé ne blesse, ou même ne tue, l'un d'entre nous.

Après avoir déposé quelques plis urgents à la Poste, je découvre à mon retour la cuisine noircie par de la fumée. Le plafond au-dessus de la cuisinière est complètement brûlé. Les enfants et Yamina sont dans le salon, apparemment indemnes. Elle m'explique que le feu a pris dans une casserole d'huile pour friture. Elle n'a pas eu la présence d'esprit de l'étouffer avec un torchon. C'est l'intervention d'une voisine qui a sauvé la maison du feu. Cet incident me fait prendre conscience à quel point tout peut basculer vite dans une situation aussi volatile.

Yamina est nerveuse ce soir et cela ne présage rien de bon. Après le dîner, je préfère me réfugier dans mon bureau afin d'éviter tout débordement. Une fois de plus, je m'installe devant mon ordinateur et écris pour ne pas sombrer dans la folie. Mais la voilà déjà devant moi, les yeux remplis de haine. Sa bouche crache des insanités.
- Espèce de connard, tu ne vois pas que c'est ton indifférence qui me rend dingue ?
- Non, Yamina, je suis loin d'être indifférent. Simplement je n'accepte plus tes incessantes critiques et insultes, et encore moins que tu m'attaques physiquement.
- Ce n'est tout de même pas de ma faute si tu n'es qu'un branleur et un bon à rien !
Les traits crispés de son visage et toute cette haine qui a pris possession de son corps l'enlaidissent. D'un brutal revers de main elle renverse le cendrier sur mon clavier d'ordinateur puis le jette violemment

contre le mur. Dans un tel état elle est capable du pire. Je pense à nos enfants qu'elle a laissés seuls à l'autre bout de la maison pour venir assouvir et vider sa rage contre moi. Cette situation doit cesser avant qu'un drame n'arrive.

- J'ai toujours cru en toi Yamina, en notre amour, et j'y crois encore malgré tout ce que j'encaisse. Je paie lourdement le crime de t'avoir un jour rencontrée et passionnément aimée. Je t'offre aujourd'hui un choix très simple : soit tu réalises que ton comportement rend notre vie et celle de nos enfants impossible et tu te décides enfin à faire quelque chose de concret et efficace pour y remédier, soit je te quitte. Définitivement. Autrement dit, tu choisis entre moi et ta colère.

Yamina ne me regarde pas. Elle tourne les talons et quitte la pièce en claquant la porte. Mes enfants et moi sommes à un carrefour de notre vie. Mon idéal familial est brisé et l'amour que j'ai eu pour cette femme finit par me ridiculiser.

Avocats, experts, juges, gendarmes...

Juillet 1995 à décembre 1996

L'ultimatum

Je consulte rapidement Maitre R., une avocate dont on m'a dit qu'elle "favorisait la conciliation". Assis en face d'elle, les larmes aux yeux, je lui dévoile ma vie, conscient que ma situation doit lui sembler bien pitoyable. Après tout, quel homme normalement constitué pourrait bien se retrouver dans une telle impasse ? Je me sens humilié en lui décrivant ma pathétique vie, conscient qu'elle doit probablement me considérer comme incapable de rendre heureuse ma femme, de la consoler ou, pis, de la contrôler. Plus sordide encore, je pense au coût des honoraires de cette inconnue qui m'écoute sans montrer la moindre émotion. L'argent qui se mêle à l'amour, tout un symbole...

Je lui explique que je ne veux surtout pas utiliser "la méthode forte", en portant plainte contre ma femme par exemple. Comme je veux lui donner toutes les chances de prendre conscience de son état, je ne veux surtout pas la brusquer. J'irai par palier, car un

choc soudain risquerait de la faire se replier définitivement sur elle-même ou d'avoir un geste irréversible. L'avocate m'explique que la seule façon de prouver à un juge la violence qui se déroule dans le huis clos d'un couple est de produire des certificats médicaux, même si, dans mon cas, il ne s'agit que de griffures ou bleus. Je lui explique que j'ai enregistré sur un dictaphone quelques incidents très violents, mais elle m'affirme que ce n'est pas un procédé légal en France. Lorsque je lui dis que j'ai peur que ma femme fasse du mal à nos enfants, elle me prend soudainement au sérieux avant de me dire d'un ton détaché :
- Vous avez tout à fait raison de vous inquiéter : l'année dernière une mère de famille s'est jetée dans le port en voiture avec ses enfants dedans.
De retour à la maison, j'informe Yamina de cet entretien et lui annonce que je suis prêt à aller jusqu'au bout de ma démarche si elle continue à m'agresser. Mais elle ne semble pas me prendre au sérieux.
Une semaine plus tard, alors que je suis assis derrière mon bureau, elle débarque comme une furie dans la pièce, saisit un coupe-lettres et se jette sur moi. Je lui saisis les avant-bras afin de l'immobiliser, avant de la lâcher brusquement et de me précipiter vers la porte de sortie. Ce n'est pas que j'aie peur d'elle, j'ai peur que la situation échappe à mon contrôle et tourne au drame. Dans ma précipitation je me heurte violemment la tête dans l'encadrement de la porte et

un filet de sang coule sur mon visage. Si j'avais voulu provoquer un tel incident pour faire attester de la violence de ma femme, je n'aurais pas pu mieux faire…

Le lendemain matin je me rends chez mon médecin généraliste pour lui demander une attestation de mes blessures : gros hématome au niveau de la tête, griffures et ecchymoses diverses. Je tiens enfin une preuve objective de cette violence.

À mon retour à la maison, je présente le certificat à Yamina. Je veux qu'elle sache que je ne plaisante pas, que je suis prêt à aller jusqu'au bout des choses. Je veux aussi jouer cartes sur table avec elle : mon but n'est pas de la démolir, ni de profiter de sa faiblesse, mais de la pousser à se soigner et ainsi préserver ma famille ; ou alors, dans le pire des cas, obtenir à ce qu'elle discute des conditions de notre séparation. Mais c'est à peine si elle daigne regarder ce vulgaire bout de papier.

Le lendemain, alors que je m'affaire dans la cuisine, elle me tourne autour en minaudant. Elle m'agite sous le nez une feuille de papier : c'est un certificat médical attestant des marques bleutées sur ses avant-bras. Celles que je lui ai faites en la maîtrisant. J'éclate de rire.

- Alors là, Yamina, chapeau, quel aplomb. Tu ne finiras jamais de me surprendre !

Je comprends d'un coup à quel point il va être difficile de prouver ce qui se passe réellement en huis clos :

ce sera sa parole contre la mienne…

Les jours suivants elle refuse systématiquement toute discussion concernant notre séparation - surtout sur la "garde" des enfants - et continue à me harceler et m'agresser.

Elle prend un malin plaisir à me salir auprès de nos voisins et amis. Je suis impressionné de constater à quel point une réputation d'homme respectable, et respecté, peut basculer vers le mépris et la méfiance en un rien de temps. J'imagine déjà les bruits qui peuvent circuler autour de moi *" Il la traite comme sa bonne !" "Il ne la baise même pas !" " Il ne s'occupe jamais de ses enfants ! Il paraît même qu'il n'est pas clair avec eux…"* Combien d'hommes ont vécu un tel cauchemar, persécuté par des mensonges créés de toutes pièces par une femme jalouse, malade, ou simplement malveillante ?

Si je continue d'accompagner Yamina dans sa folie destructrice je risque de basculer dans la dépression. Je suis à bout, je ne peux plus endurer les violences et les humiliations permanentes, surtout devant mes enfants. Je ne crois définitivement plus à ses promesses, celles de se faire soigner, car elles sont systématiquement suivies par une nouvelle descente aux enfers. Écossais vivant en France depuis plus de vingt ans, je commence à comprendre enfin la signification de l'expression "la douche écossaise"…

Nous sommes debout dans le salon lorsque j'annonce à Yamina que c'est fini, que je la quitte, à regret, mais que ma décision est définitive. Elle s'effondre en pleurs, mais elle ne peut plus m'atteindre.

La procédure d'urgence

Pourtant, nous devons continuer de vivre sous le même toit. Yamina feint de ne pas comprendre et me pose sans cesse la même question : "*Est-ce que tu veux rester avec moi ? »* Comme je veux m'assurer qu'elle comprend bien ma décision, je lui écris une lettre.

"*Je t'écris la réponse à ta question, car je t'ai déjà répondu plusieurs fois, et tu continues à me la poser. Est-ce que je veux rester avec toi ?*
Je ne peux pas simplement dire oui ou non.
Ce que je veux c'est pouvoir vivre sans avoir derrière moi, à chaque instant, une personne qui n'a rien de mieux à faire que de m'emmerder à longueur de temps.
Je veux pouvoir vivre sans avoir ces montées d'adrénaline, deux, trois, dix fois par jour parce que je ne sais jamais quand ton irritation va déborder en cris, hurlements, insultes et coups.

Je veux pouvoir profiter des enfants quand je le veux, et ne pas être obligé de les considérer comme un "problème" : je veux pouvoir les emmener avec moi où je veux, quand je veux, sans la menace de ta violence aveugle.
Je veux pouvoir profiter de cette maison comme un endroit de paix, de rires et d'équilibre.
Je veux pouvoir inviter des amis sans craindre que tu déclenches une scène parce que quelqu'un t'aura froissée par inadvertance.
Autrement dit, je veux la paix Yamina.
Si je pouvais l'obtenir durablement avec toi, je pense que rien ne nous empêcherait de nous aimer à nouveau, mais différemment d'avant.
Si je ne peux pas avoir cette paix avec toi, alors, oui, il faudra se séparer."

Lorsque je tente d'amorcer le dialogue afin que nous envisagions la garde des enfants, je n'essuie que de l'indifférence ou des propos insultants : *"Tu pourras te toucher pour les voir, espèce de connard !"* avec bien entendu toute la gestuelle qui s'en suit. Bizarrement, alors qu'elle me dit souvent que je suis la pire espèce qui n'ait jamais foulé la terre, elle refuse l'idée d'une séparation définitive. En fait, je commence à réaliser qu'elle fait tout pour isoler sa proie afin de mieux la détruire…
J'écris noir sur blanc une proposition de séparation

à l'amiable, sachant que nos enfants auront toujours besoin de leurs deux parents. Je lui demande aussi expressément de ne plus jamais m'insulter, ni m'agresser, en leur présence et aussi de me laisser le répit nécessaire pour que je puisse travailler en paix, car notre situation financière devient catastrophique. J'ai un retard considérable dans mon travail et cela se répercute dans nos comptes. J'ai préféré laisser tomber le travail, car je ne devais pas manquer la moindre occasion de sauver ma famille. Je n'ai pas d'autre choix que d'informer mes clients que pour des "raisons familiales", je ne peux plus assurer mon travail dans les délais, en les remerciant de leur compréhension.

Je soumets aussi à Yamina des solutions pour aménager la résidence des enfants. Je lui propose mon aide et mon soutien financier pour s'installer. Je suis prêt à tout pour qu'elle redevienne la femme souriante, pétillante, drôle, que j'ai connue. Avec ou sans moi, pour le bien des enfants.

Le schéma de ses crises reste le même : elle se met à parler vite, lève le ton, m'insulte, gesticule dans tous les sens, crie, puis se jette sur moi et tente de m'agresser, généralement avec un objet contondant à la main. Je la mets alors à terre, avec ménagement, afin de la maîtriser ; je la relâche au bout d'une minute ou deux, quand elle s'est calmée. Mais un jour, je tente une autre réponse à sa violence alors qu'elle

me confronte dans le jardin, à l'entrée de mon bureau.
- Tu veux me faire mal Yamina ? Vas-y !
Mauvaise pioche : alors qu'elle déverse son venin sur moi en me balançant des coups de pieds et de poings, je reste planté là sans réagir, sans même essayer d'esquiver, sauf par réflexe. Je commence à regretter mon choix en constatant son endurance, mais je tiens bon. La plupart de ses coups visent mon entrejambe. Je m'en tire avec quelques égratignures et un bleu de la taille d'un œuf d'autruche sur le mollet droit. J'ai au moins la réponse à une des questions que je me posais : est-ce ma réaction à ses attaques qui les aggrave ? Clairement, non... Je n'ai pas retenté cette tactique-là, bien que ce soit une des rares fois ou elle ait vaguement pris conscience de sa violence et s'en est excusée en voyant cet énorme bleu.

Face à son refus de discuter des modalités d'une séparation, je lui écris de nouveau une lettre. Je ne sais pas si elle la lira, mais je la pose en évidence sur le plan de travail de la cuisine.

"Cette situation est lamentable. Il faut absolument penser aux intérêts des enfants, ils n'y sont pour rien dans nos histoires. Je t'ai proposé plusieurs solutions de séparation, mais aucune ne te plaît. Pourtant, tu n'en proposes pas d'autres, à part me dire que "je me tire". Tu dois comprendre que les enfants ont besoin de nous deux, et que je ne peux pas les "abandonner" pour ton bon plaisir.

As-tu oublié les mois et les mois de détresse que nous avons connus tous les deux, ne sachant si Jade et Alex vivraient ? Comment peux-tu un seul instant vouloir me les enlever une deuxième fois ?

Je te demande encore une fois de me proposer une solution pour une garde équitable des enfants, dans leur meilleur intérêt, en attendant de pouvoir préparer l'avenir.

S'il te plaît, ne te laisse pas aller dans la haine. On s'est aimé, on a eu trois superbes enfants ; ne gâchons pas tout."

N'ayant plus le choix, je saisis le Juge aux Affaires Familiales "en référé", une procédure d'urgence, par l'intermédiaire de mon avocate. Ma demande principale est que le juge ordonne une expertise psychiatrique. J'ai deux objectifs : d'une part, je veux que Yamina prenne conscience de sa dépression, avec l'infime espoir qu'elle accepte de se faire soigner ; et, d'autre part, je veux obtenir la résidence principale des enfants dans le cas contraire.

L'audience est fixée à 14 heures, mais, en fin de matinée, je reçois l'appel d'un homme qui m'informe que Yamina a eu un accident de voiture, apparemment sans gravité, à deux kilomètres de la maison. Je m'y rends aussitôt et trouve l'avant de la Volvo encastré dans l'arrière d'une Citroën break. Le propriétaire du véhicule est très compréhensif et m'explique que Yamina a dû traverser la chaussée pour venir emboutir sa Citroën qui était en stationnement. Autrement dit, elle s'est jetée sur une voiture garée de l'autre côté de la rue. Heureusement, elle avait sa ceinture, mais cet incident confirme que j'ai raison de craindre pour la sécurité de toute la famille.

Lorsque j'arrive au Palais de Justice mon avocate m'attend dans le hall. Yamina est aussi là avec la sienne. Nous pénétrons tous dans le bureau du juge et nous asseyons en face de lui. Mon avocate prend la parole en premier.

- Monsieur le juge, nous avons affaire aujourd'hui à un cas inhabituel : vous avez devant vous un homme battu.

Je suis littéralement sidéré par ses mots. Mon avocate se croit-elle dans un film ? En une phrase elle me pose en victime sans défense. Si le juge pense que je suis incapable de me défendre moi-même, comment pourrait-il imaginer que je sois à même de protéger mes enfants ? Je prends immédiatement la parole pour expliquer que je suis peut-être agressé, mais en aucun cas "battu".

L'expertise insoutenable

Le 19 décembre 1995, le Juge aux Affaires Familiales rend enfin une ordonnance demandant l'expertise "médico-psychologique" que j'ai sollicitée. Le docteur L. est désigné pour s'entretenir tour à tour avec Yamina, les enfants, et moi-même. Cet expert doit rendre son rapport écrit au greffe du tribunal avant le 15 mars 1996, soit quatre mois plus tard ! La même ordonnance stipule qu'une médiation familiale devra être entreprise avec l'aide d'une association que désigne le tribunal, en vue de dégager des solutions pour la résidence des enfants.

Le docteur L. me convoque le 1er mars 1996, puis Yamina le 3 avril et enfin Jade, Alex et Laura le 10 avril pour des entretiens individuels. Lorsqu'il me reçoit dans son bureau, il me paraît sympathique et me demande de parler librement, car il n'est "pas là pour me juger". Je lui décris la situation, sans "charger" Yamina, mettant ses agressions sur le dos d'une probable dépression postnatale.

J'attends avec impatience les conclusions de cet expert, mais mon avocate m'informe qu'il a sollicité un délai supplémentaire de deux mois, pour une raison inconnue. Il est clair qu'il n'est vraiment pas dans la même urgence que moi...

Quand je reçois enfin ses conclusions, je tombe des nues :

"M. et Mme acceptent mal les traits de personnalité de l'autre, qui portent atteinte à leur projection idéalisée dont ils voudraient que leur concubin(e) soit l'expression vivante.

M. voudrait une femme douce et expressive, et Mme réagit avec une sensibilité d'écorchée vive et elle déteste parler d'elle-même. Mme louvoie entre ses aspirations pour un homme-père et pour une relation de couple égalitaire.

Ils revendiquent le droit de s'en sortir seuls, mais comment peuvent-ils y arriver si :

- Madame considère que parler d'elle est indécent, car c'est fouiller dans un passé qu'elle veut oublier.

- Monsieur se met en "position haute" en analysant les troubles de sa concubine comme si lui-même était étranger à leur apparition dans les transactions relationnelles quotidiennes."

Je lis et relis ces mots "*Monsieur se met en position haute en analysant les troubles de sa concubine comme si lui-même était étranger à leur apparition* » et ma vision se brouille. Péniblement, je continue ma lecture :

"*Les enfants risquent aussi de subir l'impact traumatique des colères, bouderies et réconciliations subites. Ils ne sont pas eux-mêmes à l'abri des projections œdipiennes ou des interprétations de leurs parents dont les effets peuvent être importants pour leur développement. En effet, voir de la malignité en Jade, là où elle est tout simplement démunie transitoirement est une erreur qui induit des réponses éducatives inappropriées. De même, reconnaître une alliance père-fille excluant la mère risque tout autant d'entretenir dans la réalité une donnée fantastique.*"

Sur quelle planète vit cet homme?

Je finis par déchiffrer le document en diagonale afin d'arriver au plus vite à ses conclusions finales, et mes yeux tombent sur cette phrase assassine : "*En cas de séparation, Mme pourrait se voir confier la garde des enfants.*"

Mais comment ce type peut-il écrire ça sans le moindre argumentaire ? Je reprends ma lecture au début, décortiquant chaque phrase. Il est inscrit que Yamina devrait faire une cure "psychothérapique psychanalytique", et que mes droits de visite et d'hébergement devraient être "largement reconnus". La rage au cœur, je découvre que mes propos lors de notre entretien sont pour la plupart mal interprétés ou carrément faussés : non, je n'ai pas été "*choqué d'apprendre que ma femme était enceinte de triplés*", bien au contraire, je connaissais ce risque et c'est moi qui ai insisté auprès du médecin pour qu'il respecte les recommandations du *"Livre Blanc"* sur les procréations médicalement assistées, et notamment la limite maximale de trois embryons réimplantés, alors que lui voulait en réimplanter cinq !

Et non, je n'ai pas "*fui le quotidien en confiant mes jumeaux à une baby-sitter*", je voulais juste que ma femme souffle un peu et pouvoir bosser afin d'éponger nos dettes accumulées.

"*Monsieur ne pouvait concevoir un acte charnel avec une femme qui avait parfois un comportement diabolique et qui aurait pu exercer une maîtrise sadique sur lui*". Il faut vraiment être psy pour reformuler mes paroles de la sorte: lors de l'entretien je lui avais juste expliqué que je n'avais pas envie de faire l'amour avec ma femme quand elle m'insultait, en refusant de s'excuser, de s'expliquer, ou même d'en parler !

"*Monsieur est partagé entre son désir de régler lui-même le conflit et l'intérêt qu'il trouve à l'intervention d'un tiers. Cependant, il conçoit cette dernière surtout comme un soutien personnel qui lui permettrait de faire entendre raison à sa concubine, afin qu'elle poursuive son traitement pour régulariser son humeur*". En langage simple, ça signifie quoi ? Avais-je un autre choix que de saisir un juge, étant donné la situation ? Les violences et les insultes devant les enfants n'étaient-elles pas une raison suffisante ?

Je n'ai jamais été "*partagé*" ; j'ai été confronté à un dilemme insupportable : m'enfoncer dans la spirale infernale où ma femme nous entraînait, les enfants et moi, ou tenter de nous sauver de sa fureur destructrice. Le responsable de la violence est celui qui donne les coups : comment peut-on voir les choses autrement sans enfoncer davantage encore la victime dans le plus grand désarroi ? Non, je ne tomberai pas dans ce piège qui consiste à considérer le problème de la violence conjugale sous l'angle de la coresponsabilité.

Les analyses de ce psy me donnent la nausée.

Je continue de parcourir le document. Je ne suis pas au bout de mes surprises : *"Monsieur considère que Jade se montre vicieuse envers son frère et sa petite sœur".* De toutes les inepties de ce psy, celle-ci est la plus flagrante. Je me souviens parfaitement des mots que j'ai utilisés concernant Jade. Il m'avait demandé si je trouvais que ces violences avaient eu des effets notoires sur mes enfants. Je lui avais répondu que le seul comportement inquiétant que j'avais remarqué était que Jade pinçait son frère ou sa sœur de façon un peu... Comme je ne trouvais pas le mot exact en français, j'avais employé le mot anglais "*vicious*", tout en lui expliquant qu'il se rapprochait le plus de "*méchante".* Comment décrire autrement le comportement d'une petite fille de seulement trois ans ?

Non, je n'ai jamais dit à cet homme que "*si je m'in-*

quiétais pour l'un de mes enfants, c'était pour Jade".
Je m'inquiétais pareillement pour les trois enfants. Je lui ai juste expliqué que c'était pour Jade que je me faisais le plus de souci parce qu'elle est passée par des périodes de repli sur elle-même assez longues et que j'ai dû lui porter beaucoup d'attention afin qu'elle puisse s'extérioriser de nouveau. Jade a souffert de voir sa mère reporter toute son affection et son attention sur sa petite sœur Laura durant l'année qui a suivi la naissance de cette dernière. Mais c'est une évidence, rien n'est joué à trois ans ! Pour qui ce type me prend-il ?

Par quel processus mental a-t-il pu extrapoler pour dire que je regarde ma fille aînée *"d'un œil soupçonneux"* ? Ses mots me font autant, voir plus mal encore que les insultes de ma femme, moi qui me saigne pour préserver mes trois enfants de cette violence, comme le ferait n'importe quel père attentif. Je surveille mes trois enfants, de façon parfaitement égale, afin de déceler le moindre signe de détresse qui pourrait survenir suite à la colère et la violence démesurées d'une mère qui, dans un tel état de démence, ne se rend même plus compte que trois petits êtres apeurés pleurent en cachette.

Je ferme les yeux et revois Jade dans son lit, agitée, incapable de trouver le sommeil. Dans ces cas-là, je lui lis des histoires ou lui chuchote des chansons, car je sais que ma présence la rassure. Mais le sommeil ne vient pas et je l'entends de mon bureau réclamer sa maman : "*Maman… maman… ! »*. Yamina est devant la télévision et ne prête pas attention aux cris de la petite qui pourtant s'entendent aisément du salon. Je la rejoins dans la pièce.

- Yamina, tu ne pourrais pas aller voir Jade s'il te plait ? Elle te réclame depuis plus de dix minutes !

Elle s'extirpe avec nonchalance du canapé, se dirige vers la cuisine et je l'entends hurler en direction de l'escalier qui monte aux chambres.

- Tais-toi Jade !

Puis, elle retourne se vautrer dans le canapé comme si de rien n'était. Je monte alors dans la chambre de Jade et passe un long moment avec elle. Elle finit par s'endormir.

Je pose le rapport du psy sur mon bureau et allume une cigarette. Je réalise que je suis seul face à une armée. Quoi que je fasse, quoi que je dise, personne ne comprendra la situation. Yamina, une fois de plus, tu as gagné : je suis le méchant, celui qui ne comprend rien et qui est incapable d'aider sa femme à sortir de sa torpeur. Pis, le lâche qui ne sait ni baiser sa femme, ni s'occuper de ses enfants.

Ce soir, mes larmes ne coulent pas. Mes yeux sont secs, mon cœur bat à peine. Je suis comme vidé de mon sang, je suis sans vie. Qui peut parler d'intolérance de ma part ? Lui ? Ce psy qui m'a analysé en moins d'une demi-heure, sans me trouver la moindre qualité, aucune capacité à être père ou amant, et qui a juste gribouillé comme sur un de ses centaines de rapports annuels : *"Les droits paternels de Monsieur doivent être largement reconnus."*

Je relis encore ce rapport bourré de fautes d'orthographe et de syntaxe. Pourquoi ne tient-il pas compte du fait que si les enfants restent relativement équilibrés après avoir été témoins de tant de violence, c'est parce que j'ai su dédramatiser, les rassurer sans pour autant nuire davantage à l'image que leur mère leur reflétait ?

Comment cet expert a-t-il pu se laisser berner ? A-t-il imaginé un seul instant que ma femme pouvait, de par sa maladie, exagérer certains de ses propos et même en créer de toutes pièces ? Pourtant, elle sait le faire auprès de ses amis et eux, ma foi, comme lui, semblent convaincus de mon incapacité à élever dignement mes enfants. Un homme victime de la violence de sa femme n'a-t-il aucune légitimité à ses yeux ? Me considère-t-il comme un être à part ?

Les gendarmes

Un planning est mis en place lors de la médiation familiale ordonnée par le juge. Yamina souhaite retourner vivre à Lyon, trois jours par semaine dans un premier temps, afin de retrouver un emploi dans la coiffure. Pendant ce temps-là, je m'occuperai des enfants dans notre maison et, à son retour de Lyon, elle prendra le relais alors que je logerai dans un hôtel à quelques kilomètres de là. Une situation qui n'est pas des plus simples, mais qui peut fonctionner si tout le monde y met du sien. Cet accord de principe peut se mettre en place dès que le juge l'aura entériné.

En attendant, nous devons cohabiter sous le même toit. La seule chose qui m'importe désormais est de préserver nos enfants et, pour ça, je dois d'abord me préserver moi-même. Je suis resté à l'écoute de Yamina pendant toute cette période de folie ; j'ai tout donné pour sauver notre famille et aujourd'hui je suis épuisé. C'est une situation dangereuse, car je n'ai plus la force nécessaire pour résister à d'autres chocs émotionnels. Je dois me ressourcer, je dois "zapper" Yamina, ne plus me soucier d'elle, pour reprendre un peu d'énergie. Nous venons de traverser des moments dramatiques et il s'agit à présent de stabiliser la situation.

Malheureusement l'intervention de tiers n'a aucunement calmé la rage de Yamina, et ses colères imprévisibles continuent. Très vite le quotidien devient de nouveau infernal. Elle continue de m'insulter en présence des enfants et me jette à la figure tout ce qui lui tombe sous la main.

Ce soir-là, alors que nous venons de rentrer d'une séance de médiation familiale où nous nous sommes mis d'accord sur les jours de la semaine où chacun s'occupera des enfants, elle pénètre dans mon bureau alors que l'accord stipule qu'elle ne doit pas le faire, en brandissant un tournevis à bout de bras. J'ordonne aux enfants de se cacher derrière mon bureau et déclenche mon magnétophone. Je sais que je ne peux pas produire un enregistrement en justice, mais cela pourrait me protéger en cas de fausses accusations de sa part. De plus, mes idées sont tellement embrouillées que j'ai peur de ne plus distinguer le vrai du faux, surtout lorsque je me remémore le rapport du psy, qui m'accuse de "*ne pas accepter ma part de responsabilité dans la violence de ma femme*".

Yamina est déchaînée, elle hurle et casse tout ce qui lui tombe sous la main.

J'explique aux enfants que si leur mère ne se calme pas, je serai obligé de la "foutre dehors" ; oui, je finis par perdre mon sang froid... Je lui demande et redemande de nous laisser tranquilles, lui rappelant que c'est à moi de m'occuper des enfants le mercredi, comme l'indique l'accord établi avec la médiatrice. Mais elle continue de verser un torrent d'injures et se jette sur moi, tournevis à la main. Je me lève et l'attrape par les bras pour la pousser dans le jardin. Comme toujours, elle reprend très vite ses esprits, regagne la maison et, sans que je ne le sache, appelle la gendarmerie. Je retourne dans mon bureau et tente de reprendre le jeu que nous faisions avec les enfants, tout en essayant de maîtriser ma voix tremblotante. Mais Yamina réapparaît et me saute dessus. Je la ceinture et la maintiens par terre, à l'extérieur du bureau. Je saisis ses cheveux pour la traîner vers la rue, qui est à vingt mètres, afin de chercher de l'aide ou au moins un témoin. J'y suis presque lorsqu'une voiture de gendarmes se gare devant la maison et deux hommes en uniforme en sortent.

Soulagé, je leur explique rapidement la situation et leur propose d'écouter mon enregistrement, mais je tremble tellement que je n'arrive pas à manipuler les boutons. Nous nous retrouvons à quatre dans la cuisine : les deux gendarmes, moi, et Yamina. Je pose sur la table le magnétophone qui contient la preuve que je n'ai pas agressé ma femme, mais elle empoigne l'appareil, en extirpe la cassette et commence à dérouler la bande pour la détruire. Je regarde les gendarmes, ébahi, et leur demande pourquoi ils n'interviennent pas. Ils me répondent qu'ils ne sont là que "pour observer". Alors, je m'approche d'elle et essaie de lui prendre l'appareil des mains, mais c'est peine perdue.

Un des gendarmes nous fait remarquer que nous ne pouvons pas rester sous le même toit cette nuit, et je sais que c'est moi qui vais devoir partir. Alex veut venir avec moi, mais les gendarmes insistent pour que la fratrie reste ensemble. Je quitte alors la maison, seul, et passe la nuit dans un hôtel.

Il est clair que je ne fais pas le poids : une fois de plus, elle a su retourner la situation à son avantage et retrouver une parfaite maîtrise d'elle-même devant les forces de l'ordre.

Je me demande si je ne deviens pas fou. Après tout, un fou, par définition, c'est quelqu'un qui ne sait pas qu'il est fou, non ? Et si ce psy, ce conseiller conjugal, et cet expert désigné par le juge avaient tous raison ? Suis-je vraiment responsable de la colère de Yamina ? Personne ne peut-il donc comprendre ce qui se passe réellement ?

Je me suis torturé l'esprit pendant des mois avant de prendre la seule décision possible - saisir la Justice - pour stopper l'hémorragie qui fait crever ma famille à petit feu. Mais à présent, au lieu de me sentir épaulé, je passe pour le méchant, le bourreau, celui qui attise la violence démesurée de sa femme. Le soutien aux victimes de violence conjugale n'existe-t-il donc pas pour les hommes ?

Yamina réitère ses attaques au fil des jours qui suivent, se sentant désormais intouchable.

Un soir, vers 21 heures, elle m'agresse pour la nième fois, peut-être la quarantième... Une fois de plus, je la maîtrise et la pousse dans le jardin afin de l'éloigner des enfants. Je hurle de toutes mes forces pour alerter nos voisins, car j'ai besoin de leur aide ; je sais qu'ils sont là, leur salon est allumé. Mais personne ne vient et Yamina continue de se débattre. Je finis par la lâcher et rejoins la maison pour tranquilliser les enfants, qui ont dû entendre nos cris. Encore une fois, elle appelle les gendarmes. À leur arrivée elle les entraîne vers le fond du jardin. Sous une pluie battante je vois les deux gendarmes l'accompagner, lampes torches à la main. Je sais où elle veut en venir : elle va sortir une dernière carte pour salir mon image de père.

- C'est par ici Messieurs, suivez-moi ! Vous allez voir ce que cultive ce soi-disant bon père de famille !

Heureusement, j'avais enlevé la veille les trois pieds de cannabis que j'avais plantés quelques semaines auparavant.

- Mais, enfin ! Je ne suis pas folle ! Je sais qu'ils étaient encore là hier !

Cela aurait presque été drôle si la situation n'avait pas été aussi pathétique : pour une fois Yamina disait la stricte vérité, mais cela se retournait contre elle et elle passait pour une folle.

Je craque

Le rendez-vous avec le juge approche, le jour où cet inconnu décidera du partage de la résidence des enfants et donc, du temps que je pourrai passer avec eux. Je veux à tout prix éviter qu'une tierce personne décide à ma place. Alors, depuis des semaines, je propose à Yamina que l'un de nous ait la garde des enfants en semaine, et l'autre les week-ends et les vacances. Cela leur éviterait une séparation trop brutale et leur permettrait de conserver leur cadre de vie habituel. Elle veut partir à Lyon avec les enfants, mais je pense qu'il est mieux pour eux de grandir en bord de mer, dans un environnement paisible, avec un grand jardin pour se défouler. Dans tous les cas, il est impératif que Jade, Alex et Laura retrouvent le calme après toutes les scènes dont ils ont été témoins.
Deux jours avant le rendez-vous avec le juge je n'arrive plus à faire front au stress et à l'anxiété, cette échéance se dressant devant moi comme un immense trou noir. Le sort de mes enfants va être scellé

par un juge et je perds pied. J'ai besoin de m'oxygéner et décide alors de prendre ma voiture pour retrouver un peu de chaleur humaine dans un bar situé en bord de plage. Je m'y rends parfois pour me changer les idées et y ai rencontré quelques personnes, des hommes essentiellement, avec lesquelles j'ai pu avoir de vrais échanges. Peut-être étaient-ils tout aussi paumés que moi ? De verre en verre, je commence à voir double et je veux rentrer à la maison, où pourtant personne ne m'attend. Je réussis à démarrer la voiture et fais une cinquantaine de mètres avant qu'une subite envie de vomir me force à me garer sur le bas côté. J'ouvre ma portière, me penche et vomis mes tripes. En relevant la tête je vois une camionnette de gendarmes arrêtée à côté de ma voiture. Je ne suis pas en état de penser, ni même de parler. J'entends alors une voix d'homme :

- Il a des problèmes avec sa femme. Je vais le ramener chez lui.

La camionnette des gendarmes démarre et l'homme s'approche de moi.

- Viens, je te ramène chez toi.

Je reconnais alors cet homme qui était avec moi au bar. Voyant mon état d'ébriété avancée, il m'a suivi pour s'assurer que je rentrerais sain et sauf. S'il n'avait pas eu ce réflexe j'aurais perdu mon permis, ce qui aurait été mérité mais qui m'aurait davantage compliqué la tâche.

La course aux témoignages

D'un commun accord avec nos avocats respectifs, Yamina et moi décidons que nous ne fournirons pas d'attestations de tierces personnes, ni d'autres pièces pouvant nuire à l'image de l'autre. Le Juge ayant reçu le rapport médico-psychologique de l'expert, ainsi que celui de la médiatrice, nous sommes enfin convoqués au tribunal. Mais, à mon arrivée au Palais de Justice, mon avocat m'informe que la "partie adverse" compte présenter des attestations mettant en cause mon intégrité : des témoignages de voisins principalement, prétendant que je suis un mauvais père, ne m'occupant pas ou peu des enfants. Très remonté, je demande un report d'audience et décide qu'il est temps que la vérité éclate. Mais cela me condamne à faire une sale besogne : demander à des personnes de mon entourage de témoigner de ma bonne foi et de reconnaître mes qualités de père. C'est une véritable épreuve pour moi, car je déteste étaler ma vie privée sur la place publique et quémander des services.

Les différents membres de ma famille, connaissant bien la situation, n'ont aucune hésitation à témoigner. Chaque année nous allions en Angleterre au moins une fois, et nous recevions aussi régulièrement mes parents, mon frère et ma sœur à la maison. Toute ma famille adorait Yamina, tellement elle apportait vitalité et joie de vivre, mais aussi gentillesse et générosité. Leurs témoignages font part de ses qualités, mais aussi de la nature imprévisible de ses colères. Puis je demande au peu d'amis qu'il me reste, et eux aussi acceptent de témoigner sans difficulté. Je demande également le témoignage d'une jeune mère de famille, présente avec sa sœur le jour où Yamina m'avait copieusement insulté et attaqué avec un balai, manquant de peu le visage de notre fille de trois ans. Cette femme est l'une des deux seules personnes ayant été témoin de la violence de Yamina. Mais elle refuse catégoriquement de témoigner :
"*Mais tu te rends compte ? Ma fille va dans la même école que les tiens et je ne sais pas ce dont Yamina serait capable si je témoignais contre elle !*"
L'autre personne qui avait assisté à une violente scène décide de témoigner en faveur de Yamina. C'est un voisin qui habite à une dizaine de maisons de la nôtre. Peu de temps après notre arrivée dans le village, nous nous sommes liés d'amitié avec lui et sa femme, des pieds-noirs d'une cinquantaine d'années. Ils sont tous les deux parfaitement au courant

de la situation. Lui m'avait même donné des conseils pour "contrôler" ma femme (j'ai découvert par la suite qu'il "contrôlait" ses fils à coups de poing au visage). C'est chez ce couple que j'avais accouru un soir pour trouver refuge, mon fils dans les bras, alors que Yamina était en pleine crise. Le fait que cet homme choisisse de témoigner en faveur de Yamina, malgré ce qu'il avait vu, est une raison supplémentaire pour moi d'envisager la possibilité que je sois vraiment le salaud de cette histoire, le pauvre mec, comme Yamina me le répète sans cesse.

J'obtiens ensuite le témoignage d'un stagiaire que j'avais employé pendant neuf mois, non pas pour relater ce qu'il avait entendu et vu à la maison, mais simplement pour dire que j'étais un bon employeur. En effet, j'ai toujours mis un point d'honneur à payer son salaire avant l'échéance et à lui demander régulièrement si ses conditions de travail lui convenaient. Il est en fait le "témoin numéro un" : il sait tout de ce qui s'est passé dans cette maison de fous. Mais il refuse de témoigner, ne voulant prendre parti pour l'un ou pour l'autre. Je suis écœuré. D'un côté, je peux le comprendre, mais je vois aussi en lui la caricature de la personne qui ne veut pas "se mouiller", quelle que soit l'énormité de l'injustice devant laquelle elle se trouve. Je crois que les personnes qui ont peur ou qui refusent tout simplement de dire la vérité sont autant, sinon plus, responsables que les bourreaux eux-mêmes.

À la fin je comptabilise une dizaine de témoignages, qui disent tous à peu près la même chose : je suis un bon père et Yamina est une femme instable.

Amertume, tristesse et inquiétude

Toutes ces épreuves endurées depuis des mois et des mois font que je me replie de plus en plus sur moi-même. Comment m'imposer à mes amis dans un état aussi lamentable, incapable de penser à autre chose que ma propre situation ?

Encore une fois, j'écris à Yamina pour lui exprimer mon profond désarroi :

"Si je ne te parle pas en ce moment, c'est parce que je suis amer, triste et inquiet.

Je suis surtout amer parce que tu m'as menti. Par naïveté sans doute, je t'ai cru quand tu me disais que tu essaierais de faire le nécessaire pour calmer tes crises de nerfs. J'ai eu tort et maintenant je dois assumer.

Je suis amer parce que je t'ai tout donné, j'ai respecté les règles du jeu, j'ai été un père presque parfait pour nos enfants et voilà que je n'aurais plus le droit de les voir qu'un week-end sur deux et, plus grave encore, ils n'auront le droit de me voir qu'un week-end sur deux. Tu as des craintes pour eux, mais tu fais tout pour qu'elles se réalisent.

Je suis amer, car c'est à toi, une femme qui m'a agressé et insulté devant les enfants, à qui l'on accordera la garde.

Je suis amer parce que tous les mensonges que tu as racontés sur moi seront ainsi crédités.

Je suis amer parce que les enfants ont besoin d'une éducation complète, alors que tu n'as jamais rien fait, ne serait-ce que pour apprendre l'orthographe ou l'anglais. Seuls les téléfilms et magazines féminins t'intéressent.

Je suis aussi triste.

Je suis triste parce que je ne verrai plus mes enfants tous les jours.

Je suis triste parce que je me suis investi dans cette maison que j'aime et dans ce jardin que je ne verrai pas fleurir.

Je suis triste aussi pour toi, car tu dois maintenant te rendre compte que ton passé a encore une fois gâché ta vie et celle de ceux que tu aimais.

Je suis aussi inquiet.

Je suis inquiet parce que si aujourd'hui tu me dis que je pourrai voir les enfants, hier tu me disais encore une fois que je pourrai "me toucher pour les voir", avec toujours ces gestes obscènes.

Je suis inquiet parce que si tu ne règles pas tes rapports avec ton passé, les enfants en pâtiront par la suite.

Je suis inquiet de me retrouver seul, de repartir de zéro, après avoir tout investi avec toi.

Voilà pourquoi je suis morne. Alors, respecte ce deuil et laisse-moi seul, surtout quand je suis avec les enfants..."

L'accord de dernière minute

Quelques semaines plus tard, témoignages en main, je me rends au Palais de Justice pour la nouvelle audience fixée par le juge. Depuis des mois je prépare un protocole d'accord amiable, y compris un planning prévisionnel sur tableur, afin de montrer à Yamina, de la façon la plus claire et transparente possible, une répartition équitable de la résidence des enfants. Je propose qu'elle les prenne pendant la semaine, même à Lyon si elle souhaite y retourner définitivement, tandis que je les aurais pendant tous les week-ends et une bonne partie des vacances scolaires. Mais elle refuse d'en discuter et même de jeter un œil sur ces feuilles que j'ai mis des heures à préparer.

Pourtant, deux ou trois jours avant l'audience, elle accepte enfin de regarder ces plannings. Elle constate que je n'essaie pas de la priver des enfants et semble rassurée. Je sais qu'il me faut renoncer à la résidence principale, car, si je l'obtenais, sa réaction serait imprévisible.

J'arrive au tribunal en avance très déterminé. Je veux faire valoir mes droits de père, car mes enfants ont besoin de moi et moi d'eux. J'y retrouve Yamina, livide, les traits tirés, accompagnée de son avocat. Contre toute attente, mon avocate m'informe que "*la partie adverse est prête à négocier*".

Après deux heures de discussion, nous mettons par écrit un protocole d'accord. Le juge l'entérine et fait établir une ordonnance, visiblement soulagé de n'être pas obligé de trancher entre les deux parties. Cette transaction amiable stipule que nos trois enfants auront leur résidence habituelle chez leur mère à compter du 12 avril prochain, date à laquelle Yamina doit définitivement s'installer à Lyon, et que je les recevrai chez moi tous les week-ends et la plupart des vacances scolaires.

En attendant, leur domicile sera fixé dans notre maison familiale. Yamina y sera présente du dimanche midi au mercredi 18 heures, alors que je prendrai possession des lieux du mercredi 18 heures au dimanche midi. Je conserve malgré tout l'usage de mon bureau du lundi matin au vendredi soir et, en dehors de ce créneau, je serai donc contraint de quitter les lieux. Nous ne sommes donc pas censés nous croiser, ou si peu. Yamina accepte également de ne pas se rendre au domicile familial en dehors de ses jours autorisés, ni de pénétrer dans mon bureau.

Nous nous mettons aussi d'accord sur le montant de

la pension alimentaire. Elle est très élevée, surtout vu mon endettement, mais je ne veux pas que les enfants soient lésés, ni manquent de quoi que ce soit. De plus, l'état de Yamina pourrait se dégrader davantage si elle avait en plus des difficultés financières. Moi, je me débrouillerai, comme d'habitude.

Nous sommes le 3 décembre 1996 et, si j'ai perdu une bataille, car je ne verrai plus mes enfants que les week-ends et les vacances, je considère que j'ai gagné la guerre, tout simplement parce que tout le monde est en vie : les enfants, Yamina, et moi.

La vie sans eux

1997

Le départ des enfants

L'emploi du temps entériné par le juge se met en place rapidement. Yamina fait ses allers-retours sur Lyon et nous partageons notre maison et nos enfants à tour de rôle. Si nous sommes censés nous rencontrer que les mercredis et dimanches pour prendre nos "tours de garde" et n'échanger que quelques banalités sur l'organisation familiale, Yamina ne joue pas le jeu et les choses dérapent de nouveau.

Ce dimanche de janvier 1997, elle rentre de Lyon vers 13 h 15. Plus intéressée par l'état de la maison que par les enfants, elle inspecte tout : elle ouvre portes et placards afin d'examiner le moindre recoin, explore la chambre des enfants, scrute chaque pièce en faisant la moue. Les enfants la regardent les yeux écarquillés s'agiter dans tous les sens. Pourtant, une femme de ménage a passé des heures pendant "mon bout" de semaine pour m'aider à entretenir les lieux et surveiller les enfants pendant que je travaillais ; sans compter le temps que j'ai moi-même passé à faire les

lessives et les courses. J'ai même enfourné un poulet afin qu'elle puisse déjeuner avec les enfants dès son arrivée. Soudain, son téléphone portable se met à sonner. Elle entame alors une conversation, sans même se soucier de la présence des petits, comme si elle était seule au monde :
- La salope... mais la salope... !
Les enfants l'observent, hagards, et je les pousse gentiment vers leurs chambres en leur tapotant le dos. Elle continue sa conversation de plus belle :
- Quoi ? Putain, j'aimerais bien savoir qui est ce salopard afin de lui foutre ma main dans la gueule !
La situation est d'autant plus choquante pour les enfants car ils viennent de vivre trois jours avec moi dans le plus grand calme. Yamina me rejoint alors dans mon bureau où je suis en train de préparer mes affaires pour rejoindre l'hôtel ("*Hôtel Terminus*", le bien nommé...) que j'intègre chaque semaine lorsqu'elle arrive à la maison.
- J'ai besoin de la voiture cet après-midi, j'emmène les enfants avec moi, me lance-t-elle sèchement.
Je lui tends les clés et lui explique que, dans ce cas, je resterai dans mon bureau afin de travailler un peu, étant donné qu'elle ne serait pas là et que je ne pourrais pas bouger sans la voiture. Dix minutes plus tard, elle se pointe de nouveau devant moi et me dit qu'elle n'emmènera finalement pas les enfants avec elle, mais que surtout, elle ne supporte plus l'état de la

maison. J'acquiesce sans broncher afin de préserver la quiétude des enfants, mais elle change de nouveau d'avis et embarque subitement Laura et Jade en voiture, laissant Alex seul, en pleurs, sur le seuil de la maison.

L'ordonnance du juge n'a donc pas calmé Yamina. Même lorsque je ne suis pas à la maison, elle fait intrusion dans ma vie. Un soir, installé dans ma chambre d'hôtel au deuxième étage, j'entends des cris qui semblent venir de la réception. Je regarde par la fenêtre, mais ne vois rien. Soudain, des pas lourds résonnent dans l'escalier et on frappe violemment à ma porte. Je n'attends aucune visite : je vis ici de manière très solitaire et ne reçois jamais personne. J'ouvre la porte et découvre Yamina. Elle me bouscule et se plante au milieu de la pièce.

- Elle est où ? Hein, elle est où ? Je sais qu'elle est là !
- Mais enfin de qui tu parles ?
- Pauvre con, sale branleur va !

Elle se met alors à fouiller partout, derrière les rideaux, sous le lit, dans les placards, persuadée qu'une femme s'y cache. Mais il n'y a évidemment personne. Comment pourrais-je avoir envie de fréquenter une autre femme avec tout ce que j'endure depuis des années ? Je n'aspire qu'à deux choses : voir mes enfants le plus souvent possible et être au calme. Le reste n'a plus d'importance pour moi, même cet appel téléphonique que je reçois d'un inconnu me menaçant de *"me faire la peau".* Oh, si seulement j'avais un adversaire à ma taille...

Le 12 avril 1997, Yamina emmène nos enfants vivre à Écully, dans un appartement situé à une dizaine de kilomètres de Lyon, et je me retrouve seul dans cette grande maison vide et sans vie. Notre accord me laisse la garde des enfants tous les week-ends, mais je n'ai nulle part où les accueillir à Lyon. Comme je ne veux pas que leur changement de vie soit trop brutal, je tiens à ce qu'ils puissent retrouver leur maison et se ressourcer au grand air le plus souvent possible. Je prends donc le TGV en gare de Montpellier chaque vendredi midi, puis un taxi, et récupère Laura à la sortie de son école maternelle d'Écully. Nous fonçons ensuite récupérer les jumeaux dans leur établissement qui se trouve à une dizaine de kilomètres de là. À peine assise dans le taxi, Jade se met à pleurer et je fais de mon mieux pour la rassurer. Elle a clairement morflé de la situation. Une fois toute la troupe rassemblée, le taxi nous dépose à la gare. Nous arrivons à la maison vers 21 heures, mangeons tous ensemble, puis je les couche. Le samedi je les "lâche" dans le jardin afin qu'ils puissent s'ébattre au grand air ; ou, si le temps le permet, nous allons à la plage ou à la piscine. Je les raccompagne à leur domicile lyonnais le dimanche, en fin d'après-midi. Les premiers temps, Yamina vient les récupérer en voiture à la sortie de la gare, mais très vite elle cesse de le faire et je suis contraint de les accompagner en taxi jusqu'à la porte de leur immeuble. Au fil des semaines je sens la fatigue qui s'accumule. Entre la traduction, qui nécessite une concentration totale, et le rythme de mes week-ends, je n'arrive plus à me reposer. Je dors de moins en moins, mange peu et la solitude me pèse : cette grande maison déserte, sans les cris et les rires de mes enfants, devient de plus en plus difficile à supporter.

Quelques mois après leur installation à Lyon, je décide d'emmener les enfants passer un week-end à la campagne. Une de mes vieilles amies nous invite gentiment à passer ces deux jours dans sa maison près de Morestel, en Isère. Je me présente au domicile de Yamina le vendredi soir comme convenu, mais elle refuse de me donner les enfants sans savoir où je compte les emmener. Je ne veux pas le lui dire, car elle connaît cette amie et l'a prise en grippe, comme toutes les autres personnes que je fréquente. J'ai beau lui expliquer que je suis dans mon droit, que c'est "mon week-end", elle se braque et se met à hurler :

- Puisque c'est comme ça, on va voir si tu les auras ! On va au commissariat ! Tu vas voir ce qui t'attend !
- Ok, allons au commissariat si tu veux Yamina, mais les enfants restent avec la nounou dans l'appartement !

Dans sa folie, elle entraîne les jumeaux, Laura et la

nounou avec nous. Sur le parvis de l'immeuble elle m'insulte, me balance un coup de pied dans le genou puis me gifle, cigarette à la main. Alex est dans mes bras, raide de terreur. Je suis mal reçu au commissariat. Ma réputation, semble-t-il, m'a précédé, du moins celle que Yamina a dû fabriquer de toutes pièces. Les policiers me confirment que j'ai l'obligation de communiquer à la mère de mes enfants l'adresse à laquelle je compte me rendre pour le week-end. Je refuse de mettre cette amie dans l'embarras et je leur communique donc de fausses coordonnées. Je ne comprends pas comment ils peuvent réserver un accueil si charmant à Yamina et me traiter, moi, comme un délinquant, devant mes propres enfants.

Ils trinquent...

Le problème de la vente de la maison se pose rapidement. Je ne peux pas m'installer à Lyon, afin de me rapprocher des enfants, tant qu'elle n'est pas vendue. Cette vente me permettrait de rembourser entièrement le crédit immobilier contracté lors de son achat, mais aussi d'éponger une partie de ma dette envers les impôts, l'Urssaf, la TVA... qui se monte désormais à près de deux cent mille euros. J'ai aussi été contraint de licencier ma secrétaire pour raisons économiques. Le problème est que j'avais mis la maison à nos deux noms, afin de protéger Yamina en cas de coup dur, et je dois donc obtenir son accord pour la vendre. Bien entendu, elle s'obstine à me le refuser, malgré plusieurs courriers où je lui explique que la moitié de la plus-value lui reviendrait. Ma situation financière est tellement critique que je risque de ne plus avoir de quoi recevoir les enfants. Les incessants allers-retours à Écully, les crédits, les dettes et mes frais fixes me plongent dans le gouffre.

Je survis seulement en arrêtant de payer mes impôts et charges, qui s'accumulent encore davantage. Je n'arrive plus à travailler que deux ou trois heures par jour, tant je suis épuisé et déconcentré. Je ressasse sans cesse ce qui m'arrive et cherche comment faire pour rassurer les enfants, pour leur expliquer que je ne les abandonne pas. Je ne m'endors que vers trois heures du matin, car le début de la nuit est le seul moment où je peux me détendre un peu : passé minuit il y a de fortes chances que Yamina et les enfants dorment et, qu'en principe, aucun drame ne puisse se produire chez eux.

Après des mois de refus, Yamina accepte enfin de signer le mandat de vente. Les acheteurs se pressent et l'affaire est réglée en l'espace de deux ou trois mois. Je peux enfin envisager mon retour à Lyon pour être près des enfants et exercer pleinement mon "droit de visite et d'hébergement".

Je suis de plus en plus choqué par l'état moral des enfants lorsque je les reçois le week-end à la maison. Je les sens inquiets, tendus et agressifs. Ils deviennent introvertis et, signe très inquiétant, Alex n'est plus propre. De plus, pour une simple réprimande, il se protège le visage avec ses bras, comme si j'allais le frapper.

Lui et Jade font de grosses crises de nerfs pour un oui ou pour un non et parlent de plus en plus mal. Lors d'une balade dans le parc de la Tête d'Or, Alex me balance des coups de pied dans le tibia et m'insulte : *"T'es une grosse chatte qui pue !"* Je ne peux nier l'évidence : malgré tous mes efforts il commence à reproduire les faits et gestes de sa mère. Je suis même contraint de faire descendre les enfants du bus qui nous ramène, car il pique une terrible crise. Jade, elle, se transforme subitement d'une petite fille heureuse et sereine en une gamine renfermée au regard noir et triste. Elle a des gestes brusques, distribue des coups, et repousse sèchement ceux qui la touchent, y compris moi-même, lorsqu'elle se sent mal. Les jumeaux n'ont que cinq ans, Laura trois, et ils paraissent fatigués et tendus. Ils sont également durs entre eux et pourtant, quand ils sont partis vivre à Lyon il y a seulement quelques mois je les trouvais assez équilibrés. Je me fais un sang d'encre pour eux : ils sont mal dans leur peau et je ne veux pas qu'ils démarrent leur jeune vie dans de telles conditions.

Quelques semaines plus tard, Yamina m'annonce au téléphone qu'elle m'amènera elle-même les enfants en voiture à Montpellier pour mon week-end de garde. À son arrivée je la trouve éreintée et nerveuse, mais elle n'est pas agressive. Elle m'annonce une nouvelle stupéfiante :

- Dan, tu as probablement raison, les enfants seront mieux ici avec toi qu'à Lyon. Je te les laisse.

Interloqué, mais fou de joie, je l'assure qu'elle pourra

prendre de leurs nouvelles à tout moment et les voir quand bon lui semblera. Je comprends mal ses motivations, mais peu m'importe : je vais enfin pouvoir voir mes enfants tous les jours et commencer à réparer le mal qui a été fait.

Il me faut alors m'organiser très vite. Comment gérer mon travail si je dois aussi m'occuper seul de trois enfants ? Par le biais d'une agence j'embauche deux jeunes filles au pair américaines. Je me dis qu'une jeune fille seule s'ennuierait ferme dans ce petit village et, surtout, je ne veux pas donner à Yamina l'impression qu'une autre femme prend sa place auprès des enfants. Les choses s'organisent rapidement ; chaque jeune fille travaille les vingt heures réglementaires par semaine et s'occupe des enfants et de la maison. Je peux enfin me remettre au travail l'esprit tranquille. Surtout, je peux éduquer les enfants selon mes propres valeurs et principes ; leur offrir un cadre de vie où ils se sentent en sécurité à tout moment ; les lever, les nourrir et les coucher à heures régulières ; les encourager à jouer dehors plutôt que de rester plantés devant la télévision. Bref, les aider à retrouver un rythme et une hygiène de vie sains et épanouissants.

Deux mois après leur installation, Yamina m'annonce qu'elle désire leur rendre visite pendant le week-end. Afin d'éviter tout conflit, nos relations restant assez tendues, je préfère m'absenter de la maison et réserve une chambre d'hôtel. À mon retour, le dimanche soir, il n'y a plus personne. Yamina a embarqué les enfants et les deux jeunes filles au pair à Lyon.

Je me retrouve de nouveau anéanti, mes espoirs sont brisés et je n'ai aucun moyen de recours : légalement, elle a la résidence principale des enfants et je ne peux me retourner contre elle. Je suis tellement désabusé que je ne réagis même plus.

Stabiliser les enfants à tout prix

1998 - 2008

Mon retour auprès d'eux

Yamina refuse de me passer les enfants au téléphone. Elle a apparemment changé de numéro et, pendant près de deux semaines, je ne peux leur parler. Je sais qu'ils doivent en souffrir mais me retrouve, encore une fois, dans l'incapacité de les épauler. Je leur envoie alors une lettre et un colis de jouets et de friandises, même si j'ignore si leur mère les leur remettra. Je leur demande d'être bien sages et d'obéir aux "grandes personnes" qui les gardent.

J'emménage à Lyon à la fin de l'été 1999. Financièrement, je n'ai pas la possibilité de louer un appartement assez grand pour recevoir les enfants, les loyers étant hors de prix. Je trouve d'abord une colocation avec une jeune femme médecin d'origine algérienne, tout comme Yamina. L'appartement est spacieux, mais, bien que ma colocataire soit très compréhensive, il est hors de question que j'y fasse venir les enfants. Cela créerait des tensions inutiles avec Yamina et pourrait même mettre en danger la quiétude de Salima. Cependant, Yamina accepte que je vienne garder les enfants le samedi chez elle, pendant qu'elle travaille dans son salon de coiffure.

Les quatre mois que je passe chez Salima me permettent d'amorcer ma reconstruction. C'est une femme intelligente, très douce et à l'écoute, qui ne me juge pas et m'apporte le soutien moral dont j'ai tant manqué pendant ces années de cauchemar. Grâce à elle, je reprends des forces et même confiance en la gent féminine. Je finis par dénicher un petit deux-pièces dans le VIe arrondissement où je peux accueillir les enfants. Il aurait été plus pratique de vivre à proximité de Charbonnières-les-Bains, où Yamina vient d'emménager, mais je la sais encore capable de me pourrir la vie, en provoquant des scandales dans mon immeuble ou en lançant des rumeurs sur mon compte. Je dois donc garder une distance de sécurité.

Je peux enfin héberger les enfants tous les week-ends, comme le stipule l'accord entériné par le juge. La semaine je bosse comme un forcené pour payer mes dettes, qui ont été mensualisées par la commission de surendettement. Je sors peu car je n'ai pas envie de voir du monde. Mon seul plaisir est de dîner, seul, de temps en temps à la terrasse d'un restaurant libanais en bas de chez moi, à l'entrée d'un parc et en face d'un magnifique arbre centenaire. Je savoure ces moments de calme et de normalité et finis par sympathiser avec quelques habitués. Je n'essaie pas de dissimuler mon histoire ; de toute façon je ne peux m'empêcher d'en parler, tellement elle me taraude. Et puis, je n'ai pas honte de ce qui m'est arrivé.

Au fil du temps je me rends compte que je suis loin d'être un cas isolé : plusieurs hommes me confient qu'ils sont victimes, eux aussi, de femmes méchantes, vindicatives et jamais satisfaites. Je repense, entre autres, à ce jeune marocain d'une trentaine d'années au magnifique sourire. Péniblement, il m'avoue que la mère de son enfant l'avait attaqué au couteau, le laissant baigner dans son sang sur le sol de la cuisine en attendant l'intervention du SAMU. Comme moi, il avait accepté les excuses de sa femme et repris la vie commune avec elle. Mais, quelques mois après, alors qu'il dormait, elle l'avait agressé à la tête avec un marteau. En me racontant son histoire, l'émotion le submerge et il s'effondre en larmes. Aujourd'hui, lorsqu'il tente de voir sa fille, qui vit toujours chez son ex-femme, il doit braver les scènes qu'elle provoque en pleine rue. Je pense aussi à Gérard, un cancérologue de quarante ans, grand gaillard, marié à une femme charmante que je connaissais un peu. Ils avaient trois garçons en bas âge. Un soir, dépité, il me téléphone pour me dire que sa femme lui interdit l'accès de la maison. Tout comme Jean-Pierre, un homme adorable et drôle de quarante-cinq ans, qui avait pas mal baroudé avant de se marier. Après quatre ans de vie commune et la naissance de deux garçons, sa femme demande le divorce. Lorsqu'il vient chercher ses fils devant l'école il doit affronter des torrents d'insultes.

Maintenant que je peux voir les enfants tous les week-ends, je n'ai pas trop de mal à les "remettre sur les rails". Cependant, lorsque je les récupère le vendredi suivant, je me rends compte qu'ils ont repris leurs mauvaises habitudes et que tout est à refaire. Ils sont trop jeunes pour que je leur achète un téléphone portable et je suis donc dans l'obligation de passer par Yamina pour pouvoir les joindre pendant la semaine. Elle ne manque jamais une occasion pour m'insulter et me rabaisser, mais c'est le prix à payer pour entendre leurs voix et savoir comment ils vont. Je sais aussi qu'elle me dénigre auprès d'eux en permanence, et que cela les déstabilise. Alex devient une vraie "tête à claques" : il attire l'attention sur lui en provoquant ses sœurs et je dois le recadrer en permanence. Jade est très émotive, pleurant souvent pour un rien. Laura, par contre, semble plutôt stable. Pourtant, au fil des mois, malgré toutes ces difficultés rencontrées, je sens qu'ils vont mieux. Ce masque terne qu'ils portaient sur leur visage tombe petit à petit pour laisser place à des mines plus enjouées et souriantes.

La phobie du téléphone

Yamina me laisse régulièrement des messages injurieux sur mon répondeur. J'aimerais ne pas les écouter, tant ils sont orduriers et blessants, mais mes clients utilisent la même ligne.
Ce qui me révolte le plus, ce ne sont pas ses paroles immondes mais de savoir que les enfants les entendent. Je découvre régulièrement une demi-douzaine de messages qui se suivent, et j'entends souvent des petites voix en fond sonore, celles de mes enfants.

"Ramène le sweat d'Alex et son pantalon aussi ! T'es vraiment un bon à rien qui ne pense qu'à sa gueule ! Je vais te coller une enquête sociale au cul !"
"20h15, je vais coucher les enfants, mais bien entendu tu n'es pas là. C'est certainement encore une de tes ruses et méchancetés. Ça prouve à quel point tes enfants doivent te manquer. Je suppose que tu préfères baiser une grosse pouffe plutôt que de prendre

tes enfants au téléphone".

"Je suis bien chez le pervers et malade mental qui doit être en train de boucher les trous de sa nouvelle pute ? Gros pervers écœurant va !"

"Je sais que tu baises une pouffe, j'ai épluché tes comptes, je sais que tu es allé en boîte de nuit et au restaurant ! Pauvre minable ! Bonne bourre enfoiré !

"Jade voulait te parler, mais évidemment c'est samedi soir et tu es sûrement en pleine bourre. Voilà, on ne peut pas te joindre, tant mieux, et je pense que ça t'arrange aussi. Passe un bon week-end et bonne baise !"

"Nous sommes dimanche, il est 17h20 et évidemment, tu n'es pas là. Il serait temps que tu me donnes le numéro de téléphone de ta pouffe pour qu'on puisse te joindre à tout moment. Tu vois, Jade, ton père n'est pas là. Comme toujours. Quel lâche."

"Oui, j'espère que ta pouffiasse va écouter ce que j'ai à lui dire, avec son espèce de chatte toute baveuse pleine de merde comme tu les aimes. Voilà c'est tout ce que j'ai à te dire, je protège les intérêts de mes enfants et leur avenir ! Moi, les pouffiasses, c'est pas ma vie ! Salut ! Enfin, c'est pas ta faute, t'as été élevé comme ta mère t'a élevé mon pauvre mec !"

"T'es pas là, comme toujours, tu dois être en train de baiser ta pute dans mon propre lit. Je voulais te dire que j'ai des amis qui parlent très bien anglais et que j'ai donc envoyé une lettre à ta mère pour lui expli-

quer la situation. Ça va exploser, tu vas le payer très cher, espèce de pourriture. Tu parles d'un exemple de père !"

"Je voulais te dire que si tu ne m'envoies pas une lettre recommandée pour me dire à quelle heure précise tu viendras chercher les enfants vendredi, la directrice ne te les donnera pas. Donc, tu te bouges un peu le cul au lieu de penser à tes pouffiasses et boîtes de nuit. Connard va ! Espèce de débile mental !"

"Je te préviens, si tu continues de dire aux gens que je suis dépressive, toi et ta famille vous allez passer au tribunal. Moi, je suis heureuse, ma vie va très bien pauvre débile ! Tu vas crever et baver par terre mon pauvre mec ! Sale type, pourriture, toi et ta famille vous irez en enfer !"

"Oui c'est encore moi, c'est dommage que tu aies une attitude étrange, je ne comprends pas pourquoi tu t'obstines à ne pas décrocher. Il est 20h00, une fois de plus, je ne pourrai pas te passer tes enfants. Quelle triste réalité…"

Je finis par avoir une crainte viscérale des appels téléphoniques et préfère la plupart du temps les laisser sonner dans le vide, au risque de rater un appel des enfants ou d'un client.

Le bras de fer avec les enfants

Si les enfants semblent plus épanouis, il n'en reste pas moins que, parfois, c'est un vrai bras de fer entre eux et moi. Je suis contraint d'établir une "liste disciplinaire" de choses à faire et à ne pas faire, en insistant bien sur trois points : on ne crache pas, on ne tape pas et on n'insulte pas. Pour ce qui est de la politesse élémentaire, nous verrons plus tard...
J'imprime un document que je leur fais signer à tour de rôle, non sans humour, et le laisse en permanence dans le salon :

"RÈGLES DE VIE"
Le but de ces règles est très simple : rendre la vie plus agréable à tout le monde.
Première règle : parler toujours avec respect
Deuxième règle : ne pas élever la voix
Troisième règle : ne pas donner de coup
Quatrième règle : participer à la vie de famille
Celui qui ne respectera pas ces règles sera confiné

immédiatement dans sa chambre pour une période dépendant de la gravité de son comportement, et ne pourra pas en sortir avant de demander sincèrement pardon".

Les conflits permanents entre Alex et sa petite sœur Laura sont exténuants et, si je parviens à les temporiser, le point de rupture entre eux n'est jamais loin. Lorsque les enfants sont chez leur mère je les appelle tous les après-midi après l'école et constate qu'ils sont livrés à eux-mêmes, sans présence d'adulte. Alors que je tente de parler avec l'un d'eux, j'entends les deux autres chahuter, se bagarrer et crier à l'autre bout du fil. Que faire ? Je suis tenté de demander l'intervention des services sociaux mais je garde un trop mauvais souvenir du résultat de mes précédentes démarches. Et que leur dire de toute façon ? Après tout, mes enfants sont loin d'être les seuls à être livrés à eux-mêmes après la classe, et je n'ai aucune preuve de mauvais traitements manifestes de la part de leur mère. Je préfère donc ne compter que sur moi-même, en faisant ce que je peux pour les stabiliser à chaque fois qu'ils sont avec moi.

J'ai besoin de comprendre pourquoi, malgré tous mes efforts, ils continuent d'avoir un comportement instable et agressif et d'utiliser des mots très durs. Alors, je décide de les réunir tous les trois et de leur poser la question, tour à tour :

- Qu'est-ce qui se passe entre vous quand vous êtes à l'appartement de Charbonnières ? D'abord, Alex et Laura, quels sont les gros mots qu'utilise Jade ?
Ils n'hésitent pas à me répondre :
- Jade, elle dit : tu es chiante, tu me fais chier, tu es conne, tu es con, tu es une salope, tu es une connasse, je vais lui éclater la gueule, tu es un pauvre salaud, une sale poufiasse, la ferme ! Ferme ta grosse gueule !
Je gribouille ces mots sur un bout de papier.
- Très bien, et maintenant Jade et Alex, quels sont les gros mots que dit Laura ?
- T'es une salope, enculé, va te faire foutre, va te faire voir espèce de salaud, saleté, sale poufiasse, salope, connard, con, ta gueule, doigt d'honneur.
- Et Alex ?
- Sale merde, crève, salope, connasse, conne, poufiasse, va te faire foutre espèce de saleté, je vais t'éclater la gueule, tu joues sinon je te tape, sale pute, tu es chiante et t'es une boniche !
- Ok les filles. Maintenant, est-ce qu'il vous arrive de vous taper dessus ?
Je continue de noter chaque mot prononcé par mes enfants : *"Jade tape Laura ; Laura tape Jade et lance des objets ; Alex tape Jade et Laura"*.
- Et maintenant maman, elle aussi, elle dit des gros mots ?
- Con, bon à rien, grosse merde, tu es nulle, tu ne

feras rien dans la vie, gros porc, ramène la connasse, tu es conne, tu es gros, connasse, connard, crève qu'on en finisse, fils de pute", me lancent-ils spontanément.

Puis Jade rajoute :

- Elle a aussi dit "la connasse n'a pas laissé de ticket de bus à sa sœur."

- Et maman, elle vous tape ?

- Oui, elle donne des gros coups de pied, nous tabasse avec une cuillère en bois, un chausson bleu et le plat de la main. Mais surtout, elle n'arrête pas de crier, tous les jours elle crie !

- Et, enfin, Papa ?

- Tu dis "T'es con" et tu donnes des fessés et même des gigas fessés !

Oui, je donne des fessées : un bon coup, formel, sur le derrière, en expliquant pourquoi. Mais malheureusement ce n'est pas tout. Il m'arrive de perdre mon sang-froid et de leur hurler dessus. Pire, parfois, après leur avoir demandé maintes fois de jouer calmement, ma colère monte en un instant à un tel point que je ne suis plus maître de moi-même et me vois lâcher une tape sur le haut de la tête d'un des enfants. Cela me plonge dans un profond sentiment de regret et de culpabilité. Je me sens minable, ayant été incapable de me défendre devant leur mère qui, elle, m'agressait, mais capable de donner des coups à mes enfants, eux qui ont besoin de tout sauf de ça.

À chaque fois je m'excuse auprès d'eux mais, si l'un de nos week-ends ensemble se passe mal j'ai toute la semaine pour ruminer ma peine et cela me plonge dans le plus grand désespoir.

Cette conversation avec les enfants me confirme que leurs gros mots ne viennent pas de leurs camarades de classe, mais bien de la bouche de leur mère. Comment ces trois enfants vont-ils pouvoir encore endurer et encaisser toute cette instabilité, ces cris, cette violence ? Je crains pour leur santé mentale.

Je réussis enfin à convaincre Yamina que nous devons rencontrer un médiateur afin de discuter de l'éducation de nos enfants, mais encore une fois elle se joue des deux médiatrices qui sont présentes, s'énerve, et quitte la pièce en claquant la porte.

Le vent tourne

Pendant toute cette période je suis souvent abattu et las. J'ai déjà foiré ma vie de couple et je risque maintenant de rater l'éducation de mes enfants. J'ai toujours cette énorme dette financière sur le dos et je me crève au travail pour l'éponger. Mais ce qui m'attriste le plus est de savoir que les enfants sont toujours enfermés dans un appartement, scotchés devant la télé, et qu'ils ne puissent pas s'épanouir au grand air, comme moi j'avais pu le faire lorsque j'étais enfant. Je tourne le problème dans tous les sens pendant des mois et des mois, puis soudainement il me vient une idée : si je dois rester en ville, pourquoi ne pas vivre sur une péniche ? Je me mets alors à la recherche d'une location. Bien sûr c'est hors de prix, mais ma persévérance finit par payer : je déniche un bateau au loyer raisonnable en plein centre de Lyon. Quelques semaines plus tard j'emménage à bord de cette péniche de vingt mètres. Comme je suis heureux d'y accueillir les enfants la première fois ! Chacun découvre sa petite cabine et rigole à chaque tangage provoqué par un bateau de touristes passant à toute vitesse. J'observe pendant des heures, ému, mes enfants jouer sur le pont du bateau, ou alors faire du vélo, du roller ou du foot sur le quai. C'est un véritable tournant dans notre vie, une chance inouïe.

Les années passent ainsi. Jade et Alex ont maintenant seize ans et Laura quatorze. Malgré tous mes efforts, Alex est très effacé. Ses professeurs le trouvent souvent "absent" en cours. Il s'isole au fond de la classe et ne fréquente que peu les autres élèves. Il ronge ses ongles jusqu'au sang. Ses professeurs me rassurent, me disent qu'il n'est pas victime de harcèlement de la part de ses camarades. Ses notes sont mauvaises, il passe trop de temps sur les jeux vidéo mais parvient néanmoins à entrer en Première Scientifique. Bien qu'il ait du mal à exprimer ses pensées, je sais que c'est un grand tendre.

Jade, elle, est toujours très inventive et active : elle dessine et écrit, mais je la sens anxieuse et peu sûre d'elle. Des crises d'anxiété lui amènent de fortes douleurs à la poitrine mais, surtout, elle fait souvent la tête et pleure pour un rien. Personne, même pas moi, ne peut la toucher et je suis obligé de la prendre à part pour lui demander si quelqu'un lui a "fait du mal". Elle m'assure que non. Je crains qu'elle ne fasse une dépression.

Quant à Laura, elle semble épanouie. C'est une adolescente très calme, même si parfois elle manque de respect envers les autres, y compris ses profs. Déléguée de classe, elle est très à l'aise en cours. C'est paradoxal, car Laura est celle de mes trois enfants avec qui j'ai pu passer le moins de temps, et c'est pourtant elle qui semble la plus équilibrée ! Je ne peux qu'en rire.

Mon inquiétude concernant Alex grandit, car je sais que sa mère le harcèle en permanence, et qu'elle l'insulte souvent. Je m'efforce de garder un maximum de contact en dehors des week-ends et lui assure que je suis toujours là s'il a besoin de moi. Les mois passent, et je le sens s'enfoncer petit à petit. Un jour il m'envoie un SMS, chose qu'il ne fait presque jamais : *"Papa, j'en ai marre, elle n'arrête pas."*

Je vais immédiatement le voir et lui demande ce qui se passe. Il me dit que sa mère n'arrête pas de l'insulter et, parfois, de le frapper. Comme je le redoute depuis toujours, elle a donc transféré sa violence sur lui alors que, lors de la séparation, un psy avait fait un certificat affirmant qu'il n'y avait aucun risque, ce qui avait permis à Yamina de contourner la psychothérapie préconisée par l'expert. Je découvre par la même occasion que, depuis quelques semaines, Alex se scarifie les avant-bras avec un objet coupant. Son état est donc encore plus grave que je n'imaginais. Avec son accord, je l'emmène faire une main courante à la gendarmerie. Le gendarme qui nous reçoit nous informe qu'Alex est trop jeune pour déposer lui-même, alors je prends la parole à sa place :

"*Mon fils a été frappé par mon ex-compagne dimanche dernier en soirée. Elle lui a donné un coup du plat de la main sur la tête, lui a donné un coup avec un manche à balai et lui a donné des coups de pied. Cela arrive souvent, notamment quand il se dispute avec ses sœurs. Mon ex-amie est charmante en temps normal, mais elle a des accès de violence occasionnellement et de manière imprévisible. Nous nous sommes séparés suite à des problèmes de violence de sa part. Mon fils n'a pas été blessé et n'est pas allé à l'hôpital. Elle lui fait également des réflexions désobligeantes sur son poids, car il a eu un problème à ce sujet.*"

Même si cela n'amènera pas de sanction, je veux montrer à Yamina que je veille sur mon fils et que, la prochaine fois, je n'hésiterai pas à porter plainte. Je pense à entamer une nouvelle procédure, mais je n'ai plus aucune confiance en les tribunaux et les services sociaux. Alex vient vivre quelques semaines chez moi, et je peux enfin passer plus de temps à ses côtés. Il a besoin de se sentir en sécurité et au calme. Il finit cependant par retourner vivre chez sa mère, qui habite à proximité de son école.

Les années se passent ainsi, de manière relativement calme. Je travaille pour finir d'essuyer ma dette, reçois les enfants sur la péniche chaque week-end, et renoue avec une vie presque normale.

Les jumeaux ont presque dix-sept ans, Laura quinze, et je me rends compte que le fait de partager leur vie entre deux maisons leur pèse de plus en plus. Je leur demande alors, sans leur mettre la moindre pression, s'ils préfèreraient vivre principalement sur la péniche ou dans l'appartement de Charbonnières, chez leur mère. Alex me dit qu'il préfère résider chez sa mère, et Jade chez moi. Quant à Laura, elle souhaite continuer le schéma actuel : chez sa mère en semaine, et chez moi le week-end.

Lorsque Yamina apprend la décision de Jade, elle la punit en vidant son petit compte d'épargne et en partageant la somme entre son frère et sa sœur. Les voilà tous prévenus : leur mère n'hésitera pas à se venger, même d'eux, ses propres enfants.

Constatant la souffrance évidente de Jade et Alex, qui est maintenant trop profondément ancrée pour que j'en vienne à bout tout seul, je leur propose de voir un psy. Alex refuse catégoriquement mais, à mon grand soulagement, Jade accepte cette idée et je me mets à la recherche d'un médecin compétent. Je rencontre le Dr F. qui me semble "normal". Elle s'y rend assidûment, une à deux fois par semaine, pendant une année. Peu à peu son état émotionnel se stabilise. J'ose penser que le fait d'habiter en permanence avec moi y est aussi pour quelque chose...

Jade et Alex vont bientôt fêter leurs dix-huit ans lorsqu'un voisin me parle d'un projet de voyage de deux semaines en voilier aux Caraïbes. Quinze jours sans voir mes enfants, ce sera long, mais cela fait plus de seize ans, depuis la naissance de Laura en 1994, que je vis un enfer sans jamais n'avoir songé à autre chose qu'à la sécurité et le bien-être de mes enfants. Il est peut-être temps que je pense aussi un peu à moi. Je veux faire le vide dans ma tête et me ressourcer, et la situation des enfants semble assez stable pour risquer une absence de deux semaines. J'embarque donc vers les Caraïbes pour profiter pleinement de ces vacances. Je coupe mon téléphone portable car je sais que Yamina est capable d'inventer n'importe quel prétexte pour me pourrir mon séjour. Mais, au bout du troisième jour, alors que j'étais fermement résolu à ne pas le faire, j'allume tout de même mon téléphone "au cas où". Je découvre dix messages de Yamina, et plus inquiétant, plusieurs messages de Jade. Je les écoute en retenant mon souffle : Alex a fait une tentative de suicide.
Ce cercle infernal ne s'arrêtera-t-il donc jamais ?
Je me fais immédiatement rapatrier en France. À mon arrivée à l'hôpital, vingt-quatre heures plus tard, Yamina et Jade m'attendent devant la porte sécurisée du service psychiatrique. Nous nous entretenons rapidement avec le psychiatre, puis Yamina m'emmène

dans la chambre de mon fils. Physiquement, je le trouve bien, mis à part des stries rougeâtres au niveau de son cou. Il semble lucide, quoiqu'un peu sonné par les calmants qui lui ont été administrés. Je demande à Yamina et Jade de sortir de la chambre afin de m'entretenir seul avec lui. Une fois de plus j'essaie de dédramatiser. Alex ne m'explique pas son geste, mais il se plaint d'être enfermé à clé. Je demande alors au médecin si je peux l'emmener quelques minutes dans le parc de l'hôpital. Il nous accorde quinze minutes. Une fois sortis, j'engage Alex dans un jeu de lancer de pommes de pin qui traînent sur la pelouse. Il rit de bon cœur et son sourire me fait du bien. La situation est irréelle. Il est là devant moi, vivant, alors que...

Je me dis que cette tentative de suicide représente une occasion unique d'aller au fond de son mal-être et aussi de le faire suivre par un psy. Le lendemain nous nous entretenons avec l'équipe médicale. On m'assure qu'Alex n'a pas de pathologie psychotique, ce qui veut dire qu'il peut être raisonné. Je mentionne en passant au psychiatre que je savais que mon fils était en danger, surtout après avoir découvert qu'il s'automutilait.

- Mais c'est de la non-assistance à personne en danger Monsieur ! me rétorque sèchement le médecin.

Est-ce parce que je reviens des Caraïbes que ce médecin se permet de m'accuser de ne pas avoir fait tout ce qui était en mon pouvoir pour protéger mon fils ? Peu importe, ses mots glissent sur moi : j'ai l'habitude d'encaisser les fausses accusations et ne réponds pas ; ce n'est pas le moment.

Je propose à l'équipe et à Yamina qu'Alex vienne vivre avec moi, sous de strictes conditions auxquelles je veux qu'il adhère : rester près de moi à chaque instant jusqu'à nouvel ordre, et s'engager à voir régulièrement un psy. Yamina s'insurge et élève le ton. Même dans cette situation dramatique elle est incapable de se comporter de façon raisonnable et responsable.

L'équipe médicale veut garder Alex encore "quelque temps" dans le service, mais j'ai donné ma parole à mon fils que je ne le laisserai pas enfermé plus longtemps dans cette espèce de bunker lugubre. Le médecin finit par accepter et appuie même ma proposition auprès de Yamina, toujours très réticente.

Je ramène Alex à la péniche et ne le quitte pas des yeux un seul instant pendant près d'une semaine. La nuit je reste éveillé et vérifie toutes les heures qu'il dort bien. La phase critique de la rechute s'éloigne peu à peu. Mais Yamina n'accepte pas de jouer ce qu'elle considère comme un rôle secondaire, et propose à Alex de rentrer chez elle, dans son appartement, situé au cinquième étage... J'en suis dépité. Aurait-il mieux valu que je le laisse à l'hôpital ? Les jours qui suivent je retiens mon souffle. Même encore aujourd'hui je vis avec cette hantise et cette peur. J'en viens même à remettre en cause la stratégie que j'ai employée lorsque nous vivions encore tous sous le même toit, qui consistait à tout faire pour éviter un drame irréversible. Si j'avais porté plainte contre ma femme j'aurais sans doute obtenu la garde des enfants, mais c'était un coup de poker car elle aurait été capable de se suicider en emportant les enfants avec elle. Je ne l'ai pas fait, et voilà que maintenant le poids de cette histoire écrase mon fils.

Je comprends qu'il n'y a pas de bonnes décisions à prendre dans des circonstances aussi dramatiques, juste les "moins pires".

Épilogue

Nous sommes en février 2014. Mes trois enfants vont bien et sont devenus de jeunes adultes.
Jade est une très belle femme de vingt et un ans ; physiquement, elle est le portrait craché de sa mère. Après avoir quitté le lycée en première lors d'une "crise d'adolescence", elle a fini par faire une formation de maquilleuse à Lyon. Elle se construit petit à petit une clientèle et un bon carnet d'adresses. Je n'ai aucun doute sur sa réussite : elle est sérieuse, gaie, souriante et insouciante. Par commodité elle vit chez sa mère, même si leurs relations sont parfois tendues et qu'elle me dit essuyer encore des brimades. Elle me téléphone très souvent pour me raconter sa vie, et ma relation avec elle représente tout ce que j'ai toujours souhaité.
Alex vit aussi chez sa mère, sur qui il semble avoir pris l'ascendant. Après deux faux départs, il fait des études d'informatique qui semblent lui plaire. C'est un beau jeune homme très intelligent au physique im-

pressionnant. J'aimerais qu'il me donne plus souvent de ses nouvelles, ne serait-ce pour savoir s'il va bien. Mais je sais qu'il est bienveillant à mon égard.

Laura, qui a maintenant dix-neuf ans, est elle aussi devenue une magnifique jeune femme. Elle vit au Canada, où elle est en deuxième année de Sciences Po. Elle a compris et accepté le fait que je me suis moins occupé d'elle que de son frère et sa sœur, à cause de leurs problèmes à répétition. À ma très grande satisfaction c'est elle qui a fait la démarche pour consolider notre relation. Nous nous parlons régulièrement sur *Skype* et avons une super relation père-fille.

Les trois enfants s'entendent assez bien, et je me dis que tous mes efforts pour préserver cette harmonie n'ont pas été vains.

Yamina a acheté son propre salon de coiffure. Elle se montre désormais parfaitement courtoise avec moi, même si nos rapports se limitent au strict minimum. Cette période reste un tabou pour elle.

Quant à moi, j'ai vendu la péniche et réaménagé dans un village au bord de la mer, pas très loin de notre ancienne maison familiale. Ma situation financière a changé du tout au tout. Je continue mon activité de traduction et m'amuse à construire des bateaux en bois ; il faut dire que je suis bien plus à l'aise avec les matières inertes qu'avec les êtres humains, même s'il m'arrive parfois d'entretenir des amitiés avec quelques femmes douces...

Entretien

Dan, bonjour, je vous remercie d'avoir accepté cette interview. Aujourd'hui, comment allez-vous ?
Très bien. Je vais très bien. J'arrive à la soixantaine et la vie se montre très douce avec moi. Je n'ai plus de problèmes financiers, j'ai de bonnes relations avec mes enfants, mon ex-femme me laisse tranquille, et je suis en bonne santé. J'ai le sentiment que, dans mon malheur, j'ai eu beaucoup de chance, car si d'autres problèmes graves s'étaient greffés à cette histoire, tels qu'un accident ou la maladie, je ne sais pas comment elle aurait tourné.

Pourquoi avoir décidé d'écrire ce livre maintenant, des années plus tard ?
C'est un projet que je nourrissais depuis la séparation. C'était même mon principal objectif pendant près de vingt ans. Seulement, à l'époque, je n'ai pu "cracher" qu'une vingtaine de pages. Non seulement

c'est un travail colossal, mais aussi cela m'obligeait de replonger dans des souvenirs et des émotions difficiles. Sans parler de l'obligation de trier des centaines de pages d'écrits et de documents de l'époque. C'est pourquoi j'ai eu recours à une biographe.

Aujourd'hui je sais quelle est la principale motivation derrière ce récit : c'est de rendre cette douloureuse expérience moins futile, de faire en sorte que ma souffrance ne soit pas totalement vaine. Car la souffrance dont nous sommes tous victimes, certains plus que d'autres, n'a aucun sens dans l'absolu. Nous nous trouvons parachutés sur terre et devons apprendre les règles du jeu au fur et à mesure, souvent au prix d'erreurs plus ou moins graves. Ces écrits resteront comme un témoignage et pourront peut-être aider d'autres personnes qui se retrouvent dans une situation semblable.

Votre livre est dur, aborde des sujets difficiles, et dépeint votre ex-femme comme une folle furieuse alors que vous vous décrivez comme un homme presque parfait. Comment savoir si ce que vous dites n'est pas un peu romancé, voire carrément mensonger par moment ?

C'est une excellente question, et je me la pose aussi à chaque fois que j'entends une personne qui se dépeint en victime. J'ai toujours ce réflexe viscéral qui consiste à chercher des raisons qui pourraient expli-

quer, voire justifier les cas d'abus. Il est tellement difficile de savoir qui dit vrai dans ces sordides histoires qui se passent à huis clos, que l'on soit ami, policier, ou juge.
Tout ce que je peux dire est que ce récit est basé sur des centaines de documents, d'écrits, de lettres et d'enregistrements datant tous de l'époque. Les pires violences, je les ai écrites immédiatement après, pour ne pas perdre complètement la tête. Enfin, je ne vois pas l'intérêt de romancer, d'édulcorer ou d'exagérer une histoire pareille, alors que l'une des principales raisons qui m'a poussée à faire ce témoignage est justement de faire ressortir la vérité. Si le lecteur doute de ma sincérité, qu'il relise les messages que mon ex-femme a laissés sur mon répondeur et que j'ai retranscrit verbatim.

En voulez-vous aujourd'hui à votre ex-femme ?
Non, je ne lui en veux pas. Bien sûr, par moment j'ai été envahi par un sentiment de haine, mais j'ai toujours réussi à me raisonner. La haine, l'amertume sont des sentiments qui nous empêchent d'avancer. Face à ce type de situation il faut, autant que faire se peut (et ce n'est pas évident), ne pas se laisser submerger par les émotions, mais agir pour en sortir. Puis, à force de cogiter, je me suis rendu à l'évidence : nous ne choisissons pas notre personnalité, nos névroses, voire nos psychoses. Tout est joué bien avant

d'arriver à l'âge adulte. Chacun doit se débrouiller avec les cartes qui lui ont été distribuées. J'aurais pu naître dans la peau de mon ex-femme et elle dans la mienne. Alors il ne s'agit pas de blâmer ceux qui nous font mal, mais simplement de les maîtriser.
Le sentiment profond qui m'habite est surtout une immense tristesse : il aurait fallu si peu de choses pour que cette histoire d'amour, qui avait tellement bien commencé, perdure.

Avec le recul des années, avez-vous le sentiment que vous auriez pu faire autrement, voire mieux ?
Une fois que les enfants étaient là, les choix qui s'offraient à moi étaient extrêmement limités. En fait, mon comportement était presque toujours dicté par l'urgence, par le besoin de régler coup sur coup les problèmes qui survenaient au jour le jour. Je ne vois pas ce que j'aurais pu faire de plus ou mieux. C'est justement pour être sûr de ne pas avoir de regrets que j'ai fait, tout, absolument tout ce que je pouvais pour préserver ma famille.

Sincèrement, n'avez-vous jamais eu envie de répondre aux agressions de votre femme par la violence ?
Un coup de poing dans le visage, par exemple ? M'aurait-elle moins agressé pour autant ? Elle aurait immédiatement fait attester les coups par un médecin

et cela se serait retourné contre moi. D'autre part, je savais très bien que c'est ce qu'elle cherchait : me faire sortir de mes gonds, ce qui aurait créé un jeu parfaitement malsain. Enfin, à tort ou à raison, il était hors de question pour moi de faire mal à cette femme avec ces mêmes mains qui l'avaient tant caressée.

Le rôle de l'argent revient souvent dans votre histoire, pourquoi Dan ?
Oui, en effet. Comme me l'a dit un ami à l'époque, "l'argent c'est le nerf de cette guerre". L'argent nécessaire pour engager un avocat ; payer une pension alimentaire importante afin que personne ne se retrouve dans le besoin ; payer le train et le taxi pour pouvoir garder un contact régulier avec mes enfants... J'ai eu de la chance de ce côté-là : je gagnais bien ma vie et, en tant que travailleur indépendant, je pouvais utiliser à ces fins l'argent destiné aux impôts, l'Urssaf, etc., quitte à assumer plus tard les intérêts et pénalités de retard. Mais combien de ces hommes qui vivent à la rue n'ont pas eu cette chance ? Après avoir tout perdu - femme, enfants, maison, travail - certains n'ont jamais pu se refaire financièrement et ont perdu tout espoir.

N'avez-vous pas eu, par moment, envie de baisser les bras, de tout arrêter, de fuir ?
Bien sûr... Lorsque j'ai tout perdu, ma femme, mes

enfants, ma maison, et que je croulais sous les dettes, je me suis dit que je ferais peut-être mieux de partir en mer... de vivre en dehors de la société. Mais si je l'avais fait je n'aurais pas pu voir mes enfants régulièrement, et je savais qu'ils avaient besoin de moi. Si j'avais pu faire confiance à leur mère pour assurer leur éducation, ou si elle avait refait sa vie avec un homme bien, j'aurais pu lever un peu le pied. Mais ça n'a pas été le cas et j'ai donc été contraint de faire face.

Des psychiatres ont estimé que vous aviez votre part de responsabilité dans la violence de votre femme. Honnêtement, avec du recul, qu'en pensez-vous ?
Que je provoquais sa violence ? Non, plus maintenant.
Évidemment, je me suis posé la question maintes et maintes fois et, par réflexe, je me la pose encore parfois aujourd'hui : "Qu'est-ce que j'ai pu faire pour mériter ça ?" "Qu'est-ce que j'ai fait différemment de ces hommes qui coulent des jours heureux avec leur femme ?" "Est-ce que j'ai une "tête à claques ?"
Non, aujourd'hui je sais que j'aurais pu être le pire des salauds - tromper ma femme, ne rien faire à la maison, ne pas m'occuper des enfants - j'aurais pu avoir tous les défauts dont elle m'accablait, rien ne pouvait justifier une telle violence. D'autre part, mon

ex-femme ne m'a jamais calmement articulé ses reproches : elle ne m'a jamais dit par exemple, "Écoute, je suis fatiguée, ça serait sympa que tu en fasses un peu plus à la maison". Non, elle m'a toujours accablé sans jamais m'expliquer pourquoi.

Comment fait-on pour tenir le coup lorsque l'on perd tout : femme, enfants, maison ?
Comment tenir ? On tient surtout par la réflexion, je pense : il n'y aucun autre moyen quand on ne peut pas s'éloigner de la situation. Même si, à force de chercher des réponses à des questions qui n'en ont pas de rationnelles, on frôle la dépression, voire la folie. On tient en essayant d'objectiver, de prendre du recul, même si c'est quasiment impossible la plupart de temps. Mais, lorsqu'on y arrive, on se rend compte de l'absurdité de sa situation, tellement elle est irréelle et ridicule. L'humour aussi m'a aidé, l'humour noir, forcément, et de l'absurde (merci Monty Python !). Il faut juste faire attention de ne pas tomber dans le cynisme.
La philosophie m'a aussi aidé. Nous sommes tous vulnérables aux aléas de la vie, ne sachant à quelle sauce nous allons être mangés. La vie aurait pu m'affliger d'autres choses : un grave accident ou encore une maladie génétique…
Le sport, lorsqu'on peut trouver la motivation nécessaire, fait un bien fou.

Enfin, quand la douleur était insupportable, c'est l'alcool qui m'a souvent permis de ne plus penser à rien et de dormir enfin.

Dans votre livre on découvre que vous cultiviez des pieds de cannabis. On peut imaginer que cela n'était pas du goût de votre femme…
J'ai planté toutes sortes de choses dans ce jardin : des rosiers, du chèvrefeuille, des bulbes à fleurs parfumées... c'était une passion, ma façon de créer un petit coin de paradis. Alors je n'allais pas me gêner pour planter quelques graines de cannabis que j'avais gardées. J'étais surpris et un peu gêné quand ils ont poussé, mais finalement ça me semblait bien banal. J'appréciais l'herbe et en fumais régulièrement avec mon ex-femme avant qu'elle ne tombe enceinte. Elle n'était donc pas contre du tout. Non, si mon ex-femme m'a dénoncé aux gendarmes c'était uniquement dans le but de me salir, me décrédibiliser en tant que père. En tout cas, cela montre bien que je n'étais aucunement un homme lisse et parfait !

Quelle était votre relation avec la violence avant de rencontrer votre femme ?
Je n'étais pas un enfant battu, si c'est le sens de votre question. Il est trop facile de regarder le parcours d'une personne et attribuer, rétrospectivement, tel ou tel comportement à un évènement du passé. C'est

ce que font la plupart des psys, mais ce n'est pas scientifiquement fiable. Il est évident que nous avons tous tendance à reproduire certains schémas, mais ce n'est aucunement une fatalité.

Je me suis pas mal bagarré à l'école, rien de très violent. Je crois bien n'avoir jamais donné de vrai coup de poing de ma vie. Évidemment, vu que je refusais de répondre à la violence de ma femme par la violence, je me posais parfois la question : "Est-ce que je suis une mauviette ; ai-je simplement peur d'elle ?" Alors, je me rassurais en repensant à quelques incidents passés où j'ai réagi "comme un vrai homme". Par exemple, j'ai défendu une fille que je connaissais à peine. Un type qu'elle fréquentait s'était mis à lui balancer des coups. Au bout d'un moment je l'ai attrapé par le col et l'ai plaqué contre le mur, le poing levé, prêt à cogner. J'étais moi-même surpris par ce réflexe ! Une autre fois, dans le métro, une bande de cinq jeunes a commencé à asticoter une jeune femme assise en face de moi, qui avait clairement peur. J'ai baissé mon journal, regardé le meneur dans les yeux et lui ai lancé "Pourquoi tu l'emmerdes ?" Ils sont descendus à la station suivante, heureusement !

Pensez-vous que votre femme était plus malade que méchante ?
Bonne question... Si je dis "oui, elle était malade", cela veut dire que sa méchanceté était involontaire,

et pourtant c'était bien elle qui m'attaquait. Mais, pour prendre un exemple extrême, demandez aux parents d'un jeune schizophrène violent s'ils le tiennent pour responsable. Bien sûr que non. Par contre, demandez à la société et ses experts si un tueur en série est responsable de ses actes et vous obtiendrez des réponses différentes. Tout dépend de la définition de la maladie mentale. Il y a tellement de choses à prendre en compte.

En ce qui concerne mon ex-femme, je pense que son comportement lunatique, "bipolaire", démontre qu'elle n'était pas toujours maîtresse d'elle-même. Je ne crois pas, par exemple, qu'elle se disait : "Tiens, tout est calme à la maison, et si je foutais la pagaille ?"

Maintenant, en réécoutant les insultes qu'elle laissait sur mon répondeur alors que nous étions séparés depuis plusieurs années, si ce n'était pas de la méchanceté, ça y ressemble fortement…

En fait, en faisant quelques recherches dans les forums et sur le web, je me suis rendu compte que mon histoire est très loin d'être unique ; au contraire, elle est tout à fait typique. C'est assez clair maintenant que ma femme souffrait de ce que les psychiatres appellent un "trouble de la personnalité borderline".

Est-ce que vous avez l'intention de lui faire lire ce livre ?

Non, absolument pas, ni à nos enfants. Je ne vois pas en quoi cela pourrait faire avancer le schmilblick. Les enfants n'ont pas besoin de connaître les détails des relations intimes de leurs parents. Je pense qu'on peut leur épargner ça. Par contre, si jamais ils venaient à en douter, je voudrais qu'ils sachent à quel point je me suis débattu pour ne pas les abandonner.

Aujourd'hui, quelles sont vos relations avec la mère de vos enfants ?
Très paisibles, depuis deux ou trois ans. Elle ne m'appelle plus que pour me parler des enfants de temps en temps, tout en restant très polie. Je ne sais pas si elle a vraiment changé ou s'est juste "refaite une virginité". Je dirais que ça ne me concerne plus, sauf que deux de nos enfants vivent toujours avec elle.

Après votre séparation, avez-vous réussi à entretenir des relations "normales" avec des femmes ou étiez-vous trop marqué par cette histoire ?
J'ai eu l'immense chance de tomber sur une fille très douce environ dix mois après la séparation, qui m'a fait un bien fou. Elle n'a jamais élevé la voix, ne m'a jamais critiqué. En fait, une fille normale ! Par la suite, les rencontres sur Internet ont été une véritable aubaine pour moi, car le fait d'entamer une relation par les écrits me permettait d'écarter les femmes qui me semblaient instables ou potentiellement malveil-

lantes. Par contre, l'amour fou, passionnel, très peu pour moi...

Lorsque l'on parle de violences conjugales, on pense instinctivement aux femmes battues. Qu'en pensez-vous ?
Je ne fais pas de distinction entre la violence des hommes envers les femmes et celle des femmes envers les hommes, car les mécanismes et les effets sont généralement les mêmes. Évidemment, les femmes risquent beaucoup plus leur santé physique, mais la douleur morale est exactement la même. D'après les statistiques, dans un pays comme la France, il y a environ un million de femmes qui ont été victimes de violences de la part de leur partenaire, et environ un demi-million d'hommes. Il faut sensibiliser tout le monde pour que les personnes abusées soient soutenues et réconfortées, que ce soit un enfant victime de ses parents ou d'une personne harcelée par son supérieur hiérarchique. Les personnes abusives doivent être confrontées et, si elles ne se désistent pas, dénoncées aux autorités compétentes, à commencer par la police.

Il est très difficile de donner des conseils aux victimes de violences conjugales. Cependant, y en a-t-il dont vous souhaiteriez nous parler ?
Je trouve que c'est plus facile de retourner la ques-

tion pour tirer le portrait du parfait bourreau... Tout doit être fait dans les règles de l'art : d'abord, choisir une victime compréhensive, qui ne partira pas à la première insulte ou gifle venue ; ensuite, la rendre dépendante, en se servant de l'argent, de l'amour, des enfants, ou de tout autre moyen ; la maintenir dans un état de déséquilibre en soufflant le chaud et le froid de façon imprévisible ; l'isoler progressivement de sa famille et ses amis ; et enfin lui faire croire que c'est elle-même qui provoque la violence et qui la mérite donc. Sans oublier de se confondre en excuses après chaque incident, du moins dans un premier temps.

Une victime potentielle de violence en huis clos doit donc réagir vite, très vite. Pardonner une première gifle, oui, cela peut éventuellement se concevoir dans une relation sérieuse. Mais, si cela se reproduit, il ne faut pas se laisser amadouer. Si son partenaire accepte de soigner ses pulsions, alors pourquoi ne pas tenter de sauver la relation ? Sinon, il faut immédiatement y mettre fin, sans hésiter à porter plainte si nécessaire, car autrement les choses iront inexorablement en s'empirant.

Par contre, c'est une décision extrêmement délicate à prendre si la violence est liée à un évènement externe, telle qu'une dépression ou une autre maladie psychiatrique qui survient alors que la relation est déjà bien avancée.

Dans votre livre on ressent nettement que certains professionnels ne vous ont pas assez épaulé et vous ont même enfoncé. Étiez-vous en colère ?

Oui, c'est le moins que l'on puisse dire. Pour les reprendre dans l'ordre, il y a d'abord ces médecins gynécologues qui ont décelé une stérilité inexistante et qui nous ont mis sur le chemin douloureux de la FIV, avec toutes ses conséquences dramatiques. Je pense plus particulièrement à ce médecin qui voulait réimplanter cinq embryons d'un coup. J'ai compris maintenant que son souci principal était de faire monter son "taux de succès", qui se comptait à l'époque en nombre de grossesses et non pas en nombre de naissances. Travaillant dans le monde médical depuis de nombreuses années, je sais maintenant que trop de médecins font subir des traitements lourds à leurs patients dans le seul but de se remplir les poches. C'est une autre forme de violence, parfaitement cynique.

Mais le plus dur pour moi dans toute cette terrible histoire, pire encore que la violence à laquelle je devais faire face, a été d'entendre certains experts suggérer que j'étais au moins en partie responsable du comportement violent de ma femme. À chaque fois que je les entendais, leurs paroles fragilisaient le peu de certitudes que j'avais et qui m'aidaient à tenir le coup. Je devais encore me creuser la tête, pendant des semaines et des semaines, pour savoir à quoi ils fai-

saient allusion. Car, bien entendu, aucun de ces experts n'a jamais dit à quoi ils pensaient ! C'est surtout dans ces moments-là que j'ai cru devenir fou.

C'est l'expert psy nommé par le juge qui est certainement la seule personne pour laquelle j'ai encore un ressentiment viscéral. Je n'attendais qu'une seule chose de sa part : qu'il décèle le mal-être de ma femme et pose clairement un diagnostic afin de lui donner la possibilité de se soigner, ce qui aurait pu sauver ma famille. J'ai été tellement choqué par sa légèreté d'analyses que j'ai écrit cinq pages de réponses à son rapport.

En ce qui concerne les gendarmes, que ce soit par perspicacité ou par négligence, ils ne m'ont jamais poursuivi pour violence alors que ma femme m'en a accusé par deux fois. Le seul moyen de prouver la réalité de la violence en huis clos serait d'autoriser les enregistrements audio ou vidéo. Sinon, c'est sa parole contre celle de son agresseur, et ces personnes-là sont étonnamment douées pour brouiller les pistes et semer le doute.

En quoi cette histoire vous a-t-elle changé ?
Je pense que je suis surtout devenu plus compréhensif, plus indulgent, y compris avec moi-même.

Quand un proche ou, pire, l'amour de votre vie, vous attaque systématiquement, pendant une longue période, sur vos goûts, votre sexualité, votre physique, vos amis, votre capacité à être père, ou encore votre famille, vous êtes obligé de tout "lâcher". Normalement, on bâtit son image de soi en se disant, par exemple : "Moi, j'aime le jazz, mais pas l'opéra ; je m'intéresse à l'histoire, je joue au foot ; c'est ma personnalité, c'est ce que je suis, ce qui me différencie des autres." Mais devant des attaques systématiques sur chaque chose à laquelle vous tenez, qui vous est chère, vous êtes obligé de lâcher prise, de vous dire : "Les détails qui font de moi ce que je suis n'ont plus d'importance, la seule chose qui importe est ma propre fierté, mon droit à l'existence." On ne se considère plus de la même façon, on devient comme transparent aux insultes ; elles vous traversent sans vous toucher. Peu importe mes goûts et mes préférences, mes amis ou ma famille, la seule chose qui compte, et que je ne lâcherai jamais, c'est mon droit d'exister. Le reste devient superflu. On se retire dans son dernier bastion, pour préserver l'essence même de son existence et pour mieux resurgir le moment venu.

Craignez-vous que l'un de vos enfants puisse reproduire à son tour ce schéma de violence ?
Je pense avoir inculqué certains principes à mes enfants : surtout le respect de soi-même puis celui des autres, ainsi que le refus de se laisser abaisser par qui que ce soit.

Dan, à qui ce livre s'adresse-t-il ?
Ce livre s'adresse à tout le monde, car nous pouvons tous, un jour, être confrontés à une histoire d'abus, à une personne qui tente de prendre l'ascendant sur une autre.

Propos recueillis en février 2014, par Cathy Delcros, biographe.

Postface

Avril 2013

Je reçois un mail d'un certain Dan me demandant si je suis disponible pour l'aider à écrire un témoignage d'une centaine de pages. Lors de notre première rencontre, il me demande d'emblée : *"Pouvez-vous concevoir qu'un homme puisse être victime de violences de la part de sa femme ?"* Oui, je sais que cela existe, même si l'on n'en parle peu, voire pas du tout. Dan me remet des centaines de documents à trier : des certificats médicaux attestant de coups et blessures, des rapports d'expertises médicales, des ordonnances de justice, des lettres qu'il a écrites à sa femme, mais aussi le récit de certains incidents violents qu'il me dit avoir écrit afin de ne pas sombrer dans la folie. J'ai l'impression d'avoir un puzzle entre les mains : chaque document corrobore ses propos ; chaque pièce trouve sa place dans cette histoire sordide et pourtant bien réelle. Lorsqu'il me confie une clé USB contenant des messages de son ex-femme enregistrés depuis son répondeur quelque temps après leur séparation, je ne réalise pas à quel point ce que je vais entendre est abject. Je les retranscris mot à mot, jusqu'à en avoir la nausée.

J'admire la volonté de cet homme qui, envers et contre tout, a toujours eu une seule obsession : protéger sa famille, toute sa famille. Il en résulte un des plus poignants récits de vie pour lequel j'ai été sollicitée.

Les mois passent et parfois Dan se démotive un peu : écrire cette histoire est un travail colossal. Je lui insuffle de l'énergie ; je sais que certains souvenirs sont durs à revivre, que nous devons éplucher, étudier, trier des dizaines et des dizaines de documents, mais il ne doit pas baisser les bras. Ce livre doit voir le jour.

Cathy Delcros
Biographe

La Ronde des Ans
www.larondedesans.fr
delcros.cathy@gmail.com

Remerciements

Je tiens d'abord à remercier les membres de ma famille, et surtout ma sœur et mon frère, qui ont été très solidaires tout au long de ces épreuves, sans pour autant se retourner contre mon ex-femme. Merci aussi aux quelques amis qui sont restés à mes côtés malgré mon état souvent lamentable : je pense à Jean-Loup, Christophe, Denis, Mauricio. Un mot particulier pour Karine, ce véritable rayon de soleil qui m'a aidé, par sa vivacité et sa gentillesse, à tenir dans les pires moments de solitude et de désespoir.

Je tiens aussi à saluer les policiers et gendarmes, ces véritables éboueurs de la société, parfois mal aimés et mal formés, qui sont pourtant les premiers à devoir gérer ces situations très délicates, parfois au péril de leur vie.

Enfin, ce livre n'aurait jamais vu le jour sans le professionnalisme et le travail minutieux de Cathy Delcros, biographe.